成交，
就是这么简单

林裕峰◎著

中国纺织出版社

推荐序（一）
超级业务新星诞生！

之前，采舍出版集团为了推广出版风气、挖掘更多潜力新秀作家，开办了出书出版研习班，而裕峰就是席间与我畅谈梦想的一个年轻人。

初次见面时，我就对于他谦虚的态度、优雅的谈吐颇为赞赏。光看外表，任何初识裕峰的人，都很难想象年纪轻轻的他，就已在领导营销实战的公众演说累积超过2000场的，受惠于他的学员也数以万计。

与之深谈后，发现他的安静中蕴含着智慧，微笑中隐藏着历练，原来这么一个开朗、阳光的年轻人，背后却有着不为人知的艰辛。学历不高、家境清贫，仅凭借着一颗不服输的心，愿意从基层业务做起，一路不断跌跌撞撞、汲取经验与教训，终于闯出自己的一片天。现在，他出了这本《成交，就是这么简单》，我想绝对是市面上最具有实战经验的销售宝典。

阅读此书手稿，心中屡屡产生英雄所见略同之感。市面上众多教科书式的成交思维俨然已落伍，以旧方法来经营新时代的销售模式，肯定是行不通的。以经济学观点言之，这是个供需严重不平衡的时代，当世上大多数人都因对未来经济的悲观而不敢、不愿多消费时，就导致了经济发展的恶性循环。要跳脱这个困境，除了被动等待政府的行动，民间创业主与业务员们更应致力学习"跟上时代潮流"的成交心法。本书不像市面

Preface

上众多理论取向的成交书籍,全书不空谈高深理论与口号,以传授实战技巧为经,以作者一步一脚印的丰富经验为纬,逐一破解成交的成败之因,为你娓娓道来经过实战检验的成交技巧;书中更收录当前最新的"五感销售"、最实用的"少喝一杯咖啡成交法",以及无声胜有声的"沉默成交法"……让你的成交视野不受限,见树也见林!

  我认为它绝不只是一本业务员该详加研读、细细揣摩的书,它更是一本人人在人生路上必备的成功引导书。事实上,所有的生命都是彼此赖以生存的对象,我们都在人生旅程中交换彼此的需求。是故人生无处不行销,处处需成交,全世界每个人无时不刻都在做业务,职场应用、夫妻相处、亲子关系无不需要这项能力。具备完美销售、绝对成交的能力,不仅是扭转人生逆境的垫脚石,它也能让生命更臻圆满。

  你还在等什么?赶快翻开下一页,储备累积成功的能量,打造专属于你的完美成交人生!

亚洲八大名师   王宝玲   博士

推荐序（二）
善用此书，增加 300% 的收入！

这是一个竞争的世界，要站得住脚，永远立于不败之地，靠的是"核心竞争力"。在构成核心竞争力的诸多元素中，最强的一项绝招就是"销售"，而销售目的在于成交。

我从事销售已经 20 多年，阅读过百本以上销售著作，但最让我耳目一新的，却是近日受邀试读的《成交，就是那么简单》。书名在一开始便掳获我的目光，因为它点出我的人生哲学："只要掌握销售技巧，成交的确像喝水那么简单、如呼吸那般自然。"

市面上成交相关书籍非常之多，真正能从书中受益的人却少之又少，一方面原因在于，比起纸上谈兵，业务更重视实战经验；另一方面，整天四处奔波的业务，极少有时间坐下来好好从头到尾读一本书。然而裕峰这本书帮我们解决了这两个困境！

本书是他综合 15 年业务经验写成，因此绝不是纸上谈兵。他在书中明确给予"什么时间点该说什么话""什么时候该用哪一种成交法"的引导，并且大胆公开业务界私藏的话术秘诀。最让我惊艳的是，他在每一章的结束，提供了精心构思的"15 分钟成交 note（笔记）"，对于上战场前亟须自我磨练的业务员来说，真是一大福音！即使没有时间读完整本书，只要完成每一个"15 分钟成交 note"，就立即能提升自己的销售实力。而若在填写 note（笔记）时不知该如何下笔，只要回头展读该章节内容，就可以豁然开朗。

Preface

　　总之，這真是一本让我感到"招招精彩""招招实用""招招都可以倍增财富"的好书！

　　您想逃离贫穷的生活吗？您想倍增您的收入吗？您想实现高远的目标与理想吗？请记住：销售是通往梦想的最佳途径，唯有一手掌握"成交"的人，才是最后的赢家。您一定要多买几本裕峰老师的书，送给您的同事和朋友，大家一起实现自我人生的最终梦想！

三一网路科技董事长　　大 Max

推荐序（三）
改变命运，也需要学习

非常感谢裕峰老师让我有这个机会为他的大作写推荐序。

我和裕峰第一次见面是在一家咖啡厅，当时他询问我出书方面的问题，那一个午后我们相谈甚欢，也发现彼此间许多共同点。而他为人诚恳、努力好学、乐于分享的态度和精神，令我印象深刻。最让我佩服的是他说要出一本书，就立刻着手准备出书事宜，更耐心克服过程中诸多难题。出书并不简单，在我的周遭有很多人说要出书，空谈半天却一个字都还没开始写。裕峰老师说到做到的气魄和超级执行力，堪为拥有出书梦想者的典范。

很感动有幸先一睹裕峰老师的大作《成交，就是这么简单》。看完初稿，我才知道裕峰过去那段不为人知的辛苦奋斗故事。再次证明没有人是天生的成功者，每个人都有要挑战的地方、都有不为人知的课题要闯。裕峰能有今天的成就，都是慢慢累积、学习、锻炼而来。

本书除了描述了裕峰奋发向上的成长故事外，更将销售上从"内在心法"到"外在技巧"，用简单易懂的方式来让读者快速吸收。书中说破了阻碍我们前进的"七只魔鬼"；公开令人无可抵挡的"30秒无敌开场白""八大潜意识沟通法"；揭露顾客"愿意付钱的八个关键"；以及有条不紊地整理了"十种成交技巧"等，所有销售人需要的元素完全收录，毫无藏私。

Preface

　　书中让我感到精彩万分的莫过于"问对神奇问句"这章节，从"直指核心的逼问"，到"封闭／开放式询问"的交叉运用，以至"绝对不要使用的问句"一览表，都让我觉得相当高明！更甚者，神奇问句除了可以询问客户，同时也适用于反问自己。事实上，懂得问自己什么问题，将决定一个人的一生，因为答案就在问题里。正面积极地问，将朝向成功胜利的人生；反面自贬地问，则会转往负面消极的未来。从本书中，我最大的收获就是，改变命运需要学习。

　　我相信这本书一定可以帮助更多的人提升业绩，甚至改变人生！最后祝裕峰老师新书大卖！

畅销书《业务九把刀》作者　林哲安

自序

渴望你一起来超越巅峰

这是一个最糟的时代,经济的不景气扼杀了太多年轻人的出路与梦想;这也是一个最好的时代,在大环境中受挫、不甘为平凡公务员或朝九晚五上班族的潜力人才,进入了最具竞争力的业务领域,他们——其实就是我们,将开拓出更具创意、更充满爆发力的新纪元。

"超越巅峰"是我的教育训练公司,也是我的人生格言。

许多人问我为何要出书?其实很简单,我要记录泪与汗交织的过去,鼓舞自己和团队联手于当下,展望辽阔无际、令人赞叹不已的未来。本书从我个人的故事开始,到超越巅峰这家公司的起飞;尔后,我汇集15年业务经验,毫不藏私地公开我的成交心法、成交话术、成交秘技;最后,附上超越巅峰学员的成交现证,以及公司内部最给力的核心员工故事。

还记得"超越巅峰"草创初期,没有资源、没有场地,要不是各方朋友鼎力相助,我们实在一筹莫展。感恩业务帮曹帮主和总监 Linda 免费帮我们举办教育训练课程,更在他们的社群平台上全力营销"超越巅峰",让我们团队的业务员工登上新闻版面,团队知名度因此大幅上升。而沈董跟古咏馨老师义不容辞地将办公室借给我们作为教室,让我们可以举办各种活动。大 MAX 老师除了提供免费的演讲,更带领我们团队的伙伴与国际老师接轨,不只打开我们的眼界,更让我们看到国际市场的

Preface

　　机会，激励自己开创更大的人生格局。衷心感谢这些在我一无所有时帮助我们的朋友们。

　　由于诸多贵人的协助，我们才能坚持下去，不断创造新纪录，也才有今日的"超越巅峰企管顾问公司"。此外，这本书得以问世，都要感恩哲安老师为我引荐生命中另一位贵人——采舍国际王宝玲董事长，让我圆了9年来的出书梦想。

　　一路走到今天，有太多人要感恩，或许无法一一诉说，但我准备化谢意为行动，奉献给整个社会，让更多人鼓起超越自己的勇气、涌现突破窠臼的信心。

　　期望拥有这本书的你，也能加入我们的梦想殿堂，一起来超越巅峰、翻开人生新页！

林裕峰

Part 1　我要寻找人才

01　扭转人生的魔法师 …………………………… 02
02　超越巅峰的崛起 ……………………………… 18
03　谁才是一流销售员？ ………………………… 27

Part 2　百分百成交必胜心法

01　信念的终极力量 ……………………………… 36
02　找出你的限制性信念 ………………………… 43
03　克服恐惧，不畏拒绝 ………………………… 52
04　量身打造你的销售盔甲 ……………………… 59
05　善用"五感"销售 …………………………… 66

Part 3　用对话术，扭转人生

01　30秒无敌开场白 ……………………………… 90
02　问对神奇问句 ………………………………… 99

Contents

03	七句话成交术	121
04	感官型引导销售	130
05	换句话说就成交	141
06	潜意识引导销售	150

Part 4　十大快速成交秘技

01	-10 到 10 成交法	166
02	沉默成交法	170
03	物超所值成交法	173
04	少喝一杯咖啡成交法	177
05	长方形成交法	181
06	3F 成交法	188
07	FABE 成交法	191
08	时间线成交法	195
09	无人可拒绝成交法	201

10 回马枪成交法 ··· 204

Part 5　超越巅峰见证

01 学员的成交法应用 ··· 208
02 十大核心员工特辑 ··· 220

Part 1

我要寻找人才

我创办了"超越巅峰",
这是一个培养人才的机构。
我所谓的人才,
是战胜自己、突破自我窠臼的销售人才。
每个人都需要销售,
每个人也都有潜在的销售能力。
我自己,就是在走投无路的情况下,
开发出了这种能量。

Unit 01 扭转人生的魔法师

我从来没有想过,一路走来至今,我的人生,竟然会有如此大的转变,无论是我的财富、我的收入,还有带领团队的能力,无不达到人生的高峰。

不少多年未见的朋友看到我,都不敢相信他们眼中所看到的,因为眼前的我和他们印象中的我,根本不是同一个人。也难怪他们会有这样的想法,毕竟过去的我没有自信,成绩普通,对外表现乏善可陈,个性更是内向害羞,连和人说话都不敢看着对方的眼睛。这样的个性来由,要从我的成长背景开始说起。

青年阿信的求学历程

从小,家里的经济环境不是很好,父亲是公交车司机,母亲担任褓母,赚钱非常辛苦,又有三个嗷嗷待哺的孩子。身为长子的我,受到家人、甚至整个家族的期待,因此我的成绩也总是众人关注的焦点,"未来一定要有成就!"成为我肩上无法卸除的责任,常常压得我喘不过气来。于是我的个性开始转变,变得比较闷,甚至不太想与别人交往,喜欢一个人躲起来独处。

肩负着说不出的压力,一路来到国中。那个时代还有所谓的"分班制度",全校成绩最好的同学,会被集中到 A 段班;而 B

Part 1 我要寻找人才

段班—就是所谓的"放牛班",都是一群大人眼中不爱读书的孩子。由于在读书方面不是很擅长,我被分到了 B 段班。我们班上的同学,虽然成绩不好,但每个人都很活泼、很会玩。每天在一群叽叽喳喳的同侪之间,我因为个性内向且懦弱,被欺负、被霸凌是家常便饭,导致我开始产生类似忧郁症的倾向。那时候,班上同学帮我取了个绰号叫阿信,不是五月天的阿信,是日本苦命女阿信,被取这个绰号是因为常常要帮人家跑腿、做苦力。即使被欺负、满腹委屈,但因为个性实在不善表达,只有默默吞忍的份,真的就好像日本连续剧中那位苦命的女性。

就读专科夜间部的时候,为了帮忙家计,我进入一间国中的合作社担任工读生,这是我人生第一份工作。没有自信的我,收钱时不敢直视对方,连被询问很简单的问题如:"还有苹果牛奶吗?""芋头面包没有了?",我都十分慌张,即使眼前只是年纪比我小的国中生。我想当时应该是打从心底抗拒与人沟通,觉得要去跟陌生人说话好有压力。虽然不断逃避,但或许是接触的人变多了,我开始想试着走出自己的瓶颈。而这份工作也让我体会到,钱的确是要努力去赚才能得到。

后来,我离开合作社,到电子工厂担任技术员,在这里,我认识了生命中的贵人之一——我的第一任女朋友。她是一个活泼外向、很有主见的女孩子,很希望我能走出为自己设限的框框,结交更多朋友。因此,她常带着我去找同事聊天,希望能打开我闭锁的心扉。非常感谢她的用心,但老实说,这样的举动反倒给了我更大的压力。每次跟人对谈的时候,我都要借由吃口香糖来转移紧张感。如果聊天时,身上刚好没有口香糖,我就好像被遗弃在汪洋中的孤帆，突然像不会说话了一般。

就这样，半工半读在电子工厂做了两年多。专科毕业后，我准备先去当兵，女友却在这时问了我一个问题："你当兵以后有什么规划？"

当下，我愣住了，想也没想地回答："可能就找一份稳定的工作，当个上班族。"大我三岁的女友却语重心长地对我说："你根本没有好好规划自己的人生！难道你一辈子就这么小孩子气吗？不会想未来，永远长不大。"

这句话如当头棒喝，让我震惊到说不出话来，原来我在她眼中竟是这么孩子气、这么没出息。但一时之间我也不知道如何去规划未来，后来女友就这样离开了我。在失恋的痛苦中，我把她唯一留给我、也几乎要击倒我的这段话写下来，放在书桌前，警惕自己，也下定决心，无论如何，我，一定要改变我的人生。

生命的第一个转折点

或许是上天要磨练我的心志吧！当兵抽签时，竟抽中最辛苦的海军陆战队。在军中，学长对学弟有绝对的权威，每天早上的1500米晨跑，一旦跑太慢，学长便在后面大力推我们的肩膀，体力透支的人往往一推就跌倒，但他们也不加理会；不然就是边跑边骂。操课更不用说，稍有跟不上又是一顿痛骂。晚上大家一起唱军歌，如果背错歌词，立即换来无理的"体能训练"。

经过一整天的无理对待，每当夜晚就寝时，我和同梯的兄弟只能躲在棉被里暗自流泪，心中常常窜出"逃兵"的念头。

但是一回到家，看到书桌上前女友留给我的话，我就不断告诉自己，凡事一定要从正面看，绝不因为任何小事而却步。就这样，我不断鞭策自己，要求自己，"只要是军中的竞赛，我一定要得第一，"用这样的一个信念来强迫自己成长。

当兵时期唯一的乐趣，就是电视与电影。一部港剧《创世纪》，彻底翻转了我的思维，给了我再一次的震撼弹。剧中的男主角为了要成功，不畏艰辛地朝向自己的目标努力迈进，他的精神大大鼓舞了我。这部影片我看了五遍以上，每看一次就被激励一次，我深深立下决意：一定要成功、再成功。

就因为《创世纪》与前女友的一段话，让我在海军陆战队时，只要遇到困难就告诉自己：天底下没有不可能，只有自己要不要；只要我要，我就一定能。就是这股信念，支撑我度过艰苦的从军生涯。

尽管奋力追寻自我、改变自我，但命运的掌握权却不在我手上。这段时间，父亲因为硅肺症病倒了，多次被医生宣告病危。我们家境贫穷，付不出医药费，周遭亲戚全部冷眼旁观，最辛苦的时候，只能靠着社会福利金度日。由于父亲年轻时嗜赌又不顾家，被亲戚、朋友看不起，连生病时也没有人到医院探视。束手无策的我打电话向他们求助，换来的只是"这种爸爸离开你们也好"的风凉话！彻底把我们家看扁的亲戚也同样不看好我，眼神中常流露"你未来也差不多如此成就吧！"的轻蔑。尝遍了人情冷暖，并没有让我丧志，我反而一直告诉自己，一定要让自己强大起来，无论如何一定要成功，一定要用自己的实力，证明给所有人看。

业务初体验

父亲在病情一度稳定时曾告诉我："退伍后，你一定要去当职业军人，要不然你出社会一定没有出路。"当时我这么回复父亲："为什么一定要当职业军人，被绑在那里动弹不得？"我很坚定地告诉他，自己一定会想办法养活家里。

我又一次想起自己最爱的港剧，也是激励我最多的影片——《创世纪》，故事的主人公是一位业务员，他的人生因为担任业务而彻底翻身，从一个小人物一跃成为大老板。所以，我决定踏上业务这条路。

尽管抱持着坚定的决心，但在第一个月，我就换了10个业务工作，陷入瓶颈。我发觉大多公司的经营都不甚稳定，有些甚至需要刚加入的业务员投资一大笔钱。我早就走到山穷水尽的地步了，怎么会有闲钱投资呢？因为觉得"每家公司都是骗人公司"，所以根本待不住，没几天就换了一间公司。在四处碰壁的绝望之下，还不敢让家人知道，因此每天早上八点就出门，傍晚才回家，常常在麦当劳点一杯咖啡、一份薯条，就这么坐一整天。望着透明橱窗外匆忙奔走的行人，心里数度浮现这样的绝望："难道我的人生失败了吗？"

后来在因缘际会之下，一个当兵时的同梯介绍我一份组织营销的工作，那是一家卖酵素等健康食品的公司。还记得第一次与公司的干部会面时，来的是一位风度翩翩、穿着西装的年轻人。当他有礼貌地递给我一张写着"副总黄科鸣"的名片，我有点惊讶，何以如此年轻的他居然已经是组织干部？接着他开口向我介绍公司及产品，流利的口才与专业的知识简直让我

Part 1 我要寻找人才

叹为观止！重点是他只大我一岁，竟然就有现在的成就，这让我非常地心动。

对我来说，他的确是成功人士的代表。我回家后反复思索他的分享，觉得他所说的"小成功靠个人，大成功靠团队"的理念非常有道理。他特别强调："人一辈子为什么无法达到自己想要的目标？就是因为单靠个人的力量根本无法达成。有钱人让'钱'帮他们工作，所以能快速达到财富自由，也就是创造'被动收入'来实现梦想，之后不用再靠自己的劳力，便可以增加收入。这样的模式，单靠个人的力量无法达成，必须有一个团队！"

当时没有口才、没有背景、没有人脉的我，只有一颗不服输的心，于是我决定要建立团队、打造出一个最有特色的团队！便毅然决然投入这家组织营销公司，成为里面的经营者。

这对于不善言辞的我来说，真的是大挑战。第一次，我约了一位高中同学一起来研究这份事业。他听完我热情的讲解后，觉得这个事业非常棒，却不愿意和我合作。我还记得他用手大力拍桌，告诉我："没错！这是一个值得投资、很棒的事业，但为什么我要跟你这种没人脉、没口才的"阿信"合作！当你这种人的下线，只让我感到丢脸，不可能会成功的！"说完掉头就走。

我当场傻在那里，一句话也说不出来，因为他并没有说错，过去的我就是阿信，就是没有人脉、没有口才，谁敢相信跟着我就会成功？就这样，我呆坐在咖啡厅里，不知过了多久时间。我一直在心中问自己："为什么我条件那么差？为什么没人想跟我合作？"为什么……为什么……无数个为什么在脑海里打转，我却一个答案也没有。

那天下着大雨，我没穿雨衣就冒着雨骑车回家，因为我想让雨水冲洗那个被别人讨厌的我。我边骑车，边大哭大喊："老天爷你怎么一直在考验我？我一定要证明给看不起我的人看！我一定要让家人过得更好！我一定做得到！我一定做得到！我一定做得到！"喊到声嘶力竭的我，根本就不在意路上行人的眼光。

阻碍接踵而来，大部分的约谈都碰壁。有一次，一位以前的同学答应要来赴约，让我喜上眉梢，为此认真地准备好几天。约会当天，他却故意不接电话，一直传简讯跟我说"快到了、快到了"。我一直等，等了四个多小时，他才打电话说无法前来。挂电话前，他语重心长地对我说："裕峰你是不会成功的，你不用多想，没人想跟你这样的人合作！"当时我已经学会冷静，我坚定地告诉他："我一定坚持到成功给你看，谢谢你的激励，我已经不是以前的林裕峰。"

我利用约不到客户的时间，拼命充实自己，除了研读书籍、杂志学习话术，也四处参加训练。慢慢地，我抓到了一些诀窍，也认真地传授给我的伙伴。我一开始的策略是自己拼命研究出方法，然后让伙伴去开发新客户，但因为自己没有先做到，却要求他人做到，这种"只要求别人不要求自己"的作风引起反感，一些伙伴愤而离开我。直到遇到无比认真的阿伟，看他从自己一个人，努力增加到 50 个伙伴，这种"领导人冲第一"的姿态撼动了我，我怎么可以输给他呢！

Part 1　我要寻找人才

我用整整一年的时间，打造了"以身作则"的自己。同时也将之前在某位老师课堂上，学到的"五大领导关键"，抄下来放进我的随身笔记本。此后，不管什么事情，我都是冲第一。

> **五大领导关键**
> ➤ 身先足以率人
> ➤ 律己足以服人
> ➤ 倾财足以聚人
> ➤ 量宽足以得人
> ➤ 得人心者得天下

经历过说不完的挫折，我锻炼出不受"拒绝"动摇的坚强心志，更抓住了"沟通"技巧，体悟到"原来沟通绝非单方面诉说，倾听也非常重要的道理。"

有了这样的经历与体悟之后，我在短短两年内，从一个人慢慢发展到十人、百人，甚至五百人的团队，即便后来老板要转投资，决定卖掉这间公司的时候，我也没有害怕，因为我在这段时间所学到技巧、培养出来的能力、累积的人脉，已经与刚退伍的我不可同日而语了。就算户头的数字没有增加，我也一点不担心，因为我的实力就是最坚实的资本，这段期间的磨练，成为我未来迈向成功最重要的养分。

旧的公司收掉以后，几位主管出来开了另一家精油公司，而我也成为他们最坚强的班底。由于经济上并不宽裕，我无法全力投入组织营销，因此白天在电子公司上班，晚上和假日则投入业务工作。时间排得满满的我，常常都是蜡烛两头烧，睡眠不足、疲累过度都是常有的事，但我不愿意认输，无论晴天、雨天，无一日懈怠。

记得那时很多人问我："裕峰，为什么你要这么努力？"

成交，就是这么简单

精油公司成员大合照

我总是与他们分享日本经营之神——松下幸之助曾说过的话："晚上七点到十点间，你所做的一切，会决定你未来的生活质量。"所以不管我的存折数字如何变化，我总是这样告诉自己："八小时以内，我们求生存；八小时以外，我们求发展，赢在别人的休息时间。"我清楚知道，现在所有的一切努力，未来终将加倍奉还。

向世界第一学习

到了第二家公司，虽然还是得从零开始——从小业务员做起，但公司的老板非常有远见，常常邀请成功人士来内部演讲，进行干部培训。有一天，公司邀请梁凯恩老师来做销售演讲。他讲完以后，所有人都拍手叫好，只有我陷入呆滞状态，连鼓掌都忘记。没有拍手，不是因为他讲得不好，而是我从来不知道，有人口才可以这么棒，一开口就展现舞台魅力，那一幕深深烙印在我心中。

梁老师的一生相当不平凡，也极为艰苦。他是因为前女友的一句话激励了自己,我也是。当时我想,他的故事怎么跟我有点像,所以我更深信:他可以,我也可以!

他的故事完全激励了我。即便他高中念了九年,在别人眼中不是个会读书的学生;不但得过忧郁症,甚至还自杀过。但通过教育训练,他改变了自己,以坚强的信念挺了过来,人生180°大转弯,还有了今天的成就。如今,他已成为华人世界成功的教育训练培训者,收入也不断攀升。

课后,我报名了梁老师推荐的一堂国际演讲,讲师是世界第一名的汽车销售大师——乔·吉拉德。在接受过几堂公司教育训练课程的洗礼后,我深信,教练的级数能决定选手的表现,唯有世界第一,才能教出世界第一。向乔·吉拉德老师学习让我跨出一大步,从此我开始了"向世界第一学习"的旅程。我的人生,持续在见识一位又一位的大师中,拓展广度,大开眼界。

见到乔·吉拉德之前,听说他已经70多岁了,是个头发全白的老翁。没见过他的我,本以为他会拄着拐杖来上课,但是一见到他的庐山真面目,我才知道他是一个多么有能量的人。他从后台踩着一条红地毯,像是跳舞般以轻快、优雅的步伐走上台来,接着开始了激情洋溢的演讲。除了演讲内容精彩万分,他的肢体语言更让人惊艳。他会在演讲中,突然跳到桌子上;偶尔也会"咚"一声就跪倒在地上。有一幕最让我印象深刻:大会的舞台突然伸出一个五米高的梯子,年过七旬的乔·吉拉德站上梯子,一边爬着楼梯,一边语重心长地说:"成功没有捷径,必须一步一步地往上爬,但你可以决定往上爬的速度。"

乔·吉拉德接着说:"很多人都可以成为各行业顶尖的人才,

但他们为什么没有做到呢？因为他们爬到 2/3 的时候，就开始分心了，左看看右看看，焦点不再集中，于是老在一个平面上飘来飘去。而我从卖汽车的那天开始就下定决心，要做汽车销售界的世界第一名。于是我就像戴上了眼罩一样，不往左看也不往右看，只往前行，直到成功！"

听了这番话，台下的我热血沸腾、跃跃欲试。我也是个"不怕苦、不怕难、就怕不成功"的人，乔·吉拉德给我们"不分心、只往前行"的指导，让我下定决心告诉自己："要成功先发疯，头脑简单向前冲。"什么样的格局，决定什么样的行动；什么样的行动，带来什么样的结局。追随"世界第一"的格局，便会展开最积极努力的行动；而这拼了命的行动，必将带我前往世界第一的格局。

2009 年，我获得一个到新加坡参加一个大师课程的机会，演讲者是世界上最伟大的潜能开发大师——安东尼·罗宾。他也是个让我感到震撼、能量强大的成功者，我亲眼目睹他从早到晚不休息、不吃饭、不喝水，只是为了站在讲台上，倾听、回应学员丢出的问题。他更针对个人状况给予引导，一心就是要带领学员朝向自己的梦想前进。这场演讲后，我暗自立下一个决定：希望以后自己也有这样的能力，可以站在台上，把我的影响

担任精油公司执行董事

力带给大家。

经历了数位大师的精神洗礼，加上在第一间公司磨练出来的业务能力，以及没有假日、不计辛劳的拼命战斗，让我从基层业务一路快速攀升，几年后，成为公司里的执行董事。

打造门号公司万人团队

某次，前往新加坡参加课程期间，我遇到生命中另外一个贵人——钟总。钟总是一家门号公司的总经理，在中南部拥有规模颇大的公司，但是台北还没有分公司。他与我对谈后，觉得我很有潜力，希望邀请我担任台北分公司召集人，一起为事业打拼。我认为他是一个有格局、有企图心的领导者，因此当场答应他。

万事起步难，要在毫无客户的大台北拓展市场，难度真的很高。一开始北部还没有办公室，整个北部，员工也只有我一个人。我利用之前建立的人脉，找到一些伙伴展开战斗。我们常常只拿着一本说明小册子，就在台北车站的广场与陌生人对话，拓展人脉与市场。如果有人愿意进一步了解，就相约到附近的麦当劳坐下来聊。我最常被问到的一个问题就是："你们公司在哪？"虽然中南部有公司，但北部尚无办公室乃不争的事实。因此我会对他们说："我正在开拓市场，只要你愿意跟我一起努力，很快就可以在北部成立公司。"有六成的人听

获颁奖杯

到这里会甩头离开，但也有愿意留下来和我一起打拼的伙伴。就这样，我们团队愈来愈大，要成立台北分公司的信念，也愈来愈强。

在成立公司的过程中，培训干部是非常重要的一环，但那时候没有讲师，每次要开课，总是由讲师名单上唯一的"裕峰老师"上场。我一边要带领团队，一边还要讲课训练人才，常常忙到凌晨两、三点，但我甘之如饴。钟总每个礼拜也会北上来辅导我们，就这样，一年过去后，北部的公司终于成立。

在门号公司没日没夜地奋斗了一年半，我从自己孤身一人，拓展到领导近六千人的团队。如果连旁线也算进去，将近万人。这段时间，无论我的收入、我个人的成就，几乎可以说是达到空前的高峰。

从无到有的门号公司

当事业蒸蒸日上之时，家中却传来父亲再度病倒的消息，而且情况比上次更加危急。我努力在工作缝隙中挤出时间去探望爸爸，看到他带着氧气罩，用微弱的声音说，希望我带他去猫空玩，我却无能为力。不是我不愿意拨出空档，而是他的身体根本禁不起一次出游。我一度痛恨自己为什么还不够成功，为什么不能早点让家人过宽裕的生活！

Part 1　我要寻找人才

父亲没有等到身体康复起来，也没有给我机会带他去猫空玩。临终前，他抓着我的手，交代我说："裕峰，无论如何，你一定要让妈妈过得更好。你一定要代替我照顾家人，千万不要像我一样。"我承诺他，一定会负起照顾家人的责任，因为这件事情，早就是我人生当中最重要的使命。

父亲过世后，我把他的照片放在皮夹里，每当面临挑战时就告诉自己，我一定要加速往前、拼出实绩，永远只许成功，因为我是没有后路的人！

进军国际团购事业

在门号公司任职期间，我遇到了生命中的另一个贵人——许政霖老师，持续一年半，不间断地邀请我加入他的团购事业。他所属公司的经营目标是前进国际市场，我觉得这是无比难得的机会，但心中仍有不敢向前跨一步的胆怯。然而进军国际市场一直是我的梦想，考虑了一年多，最后决定加入。

没想到才加入第二天，门号公司的老板就打电话给我，要我在通讯业、团购业两者之中作出选择。也就是说，如果我坚决加入这个新的产业，就必须退出门号公司，一切收入归零，因为新的公司是完全没有底薪的。这通电话让我陷入天人交战的混乱与纠结中，想到家里每个月的固定开销，想到事业要重新开始，老实说，心中难免惊慌。

最后，我作出决断，挥别门号公司，一切从零开始奋斗。因为我坚信新事业的未来性，也相信自己的眼光没错，况且，能够进军国际市场，才是我真正想做的事业。就在我孑然一身地投入团购公司的时候，恰巧一年一度的"台湾业绩大 PK 赛"只剩下一个月就要结算成绩。一般的新人都会选择直接放弃、下一次再挑战。但此时的我毫无退路，为了经济我必须要放手一搏，加上我

生命中最重要的两位女性：母亲与妻子

早已养成"凡事先挑战再说"的习惯，于是暗下决心，即使只有一个月，我也要做出成绩来！

秉持着"量大为致胜关键"的原则，我放大行动量，在这一个月共约了一百多人来视听，几乎每天都带好几个朋友。我的电话从早到晚响个不停，当然也有朋友打来只是为了推辞我的邀约。马不停蹄的我，被拒绝也没有时间沮丧，因为我的行程满到睡觉都快没时间，连睡着了都梦到："啊！只剩下几天就要结算了，距离我的目标还剩下多少人？"

感谢之前建立的丰富业务经验与沟通技巧，让拼命三郎的我，最后达到极高的成交率，从台湾共三十几万的会员里，脱颖而出获得前三名，这让周围的人十分惊讶。我，一个新人，获得了前往日本总公司接受颁奖的殊荣！

一个胜利的开端，给了我极高的自信心，于是，面临接下来好几次的比赛，我始终抱持"身先足以率人"的态度，冲锋陷阵第一线，鼓舞我的团队成员个个都要无畏地追求胜利。由于自己总是率先行动，因此在台湾业绩大 PK 赛中，好几次都保

Part 1　我要寻找人才

持前三名之列。

　　能有这样的成就，绝非一蹴可就，除了引导我的贵人、整个团队相互扶持的伙伴外，我更要感谢提供给我源源不绝能量的老师们。自从报名了乔·吉拉德的业务课程开始，我从未间断地飞往世界各地"取经"，投资超过两百万向世界级大师学习。对我而言，亲近成功人士，有时甚至只是亲眼目睹其处世风范、演讲英姿，也能燃起自己不断想要往前进的决心。

　　担任业务除了能加强我应对进退的能力，也让我发掘出自己在教育训练方面的潜能。我渐渐发现，原来，培训人才就是我的使命。这一番自我觉醒，才有了"超越颠峯教育训练团队"的崛起。

在日本领奖

> 　　过去的裕峰老师居然是个害羞内向、不善言辞的人，让我难以置信！如今，他举手投足散发出无比的魅力，听他的演讲就像看一场表演般地令人享受！尤其他以身作则地实践课堂上所教授的内容，不可思议的热情和行动力，让我佩服不已。
>
> **网络营销战略专家 Terry Fu**

成交，就是这么简单

Unit 02 超越巅峰的崛起

我原是个不善言语交际的人，通过激烈地改变自己的方式，在社会上闯出一片天。因此我相信，每个人都能够通过一套训练，打造一个崭新、潜力无穷的自己。

在这个微薪时代，要摆脱"贫性循环"，具备强大的竞争力是很困难的，单靠自己一个人的力量，速度太慢；但集结团队之力，可以发挥相乘的效果。抱持着"团队合作、创造财富"的宗旨，我从2004年开始筹备"超越巅峰"企管顾问公司，希望通过教育训练课程，帮助更多的人走向成功之路。

我没有显赫的学历，又没有好的家庭背景，自小家里经济拮据，甚至被政府列为贫户，每逢过年过节都要靠着领米和救济金才能勉强度日。而父母为了生活费跟亲戚借钱，却被亲戚冷眼赶出门外，不是一个惨字可以形容！

也因此，我的父亲对我说，像我这种没有好条件的人，如果要翻身，一定要签下志愿役军人，只有到军中才能闯出一片天。但我告诉爸爸，即便我没有学历、没有背景、没有好口才，现在看来也没有好机会，但我有一颗不服输的心，我要在业务方面开创出自己的路！然而当时的父亲正在病中，要我从军的心志异常坚决，我若不能拿出点什么证明自己，就只能去从军了！

Part 1 我要寻找人才

于是，我开始筹备"超越巅峰"，以加速追求梦想的步伐。集众人之力成立一间公司的想法，早在我脑中不知转了多少遍，感谢父亲的激励，让我终于决定开始动作。一开始，我们思考着公司要叫什么名字，伙伴们纷纷提出意见，却一直没有达成共识。这时，我想起了一部让我印象深刻的电影。

让自己飞起来吧！

电影描述的是一只老鹰从鸡笼中挣脱，重返天际的故事。

一个老先生与他的孙女，在郊外农场看到一只"怪鸡"，这只"怪鸡"的外表长得一点都不像鸡，但行走和鼓动翅膀的样子却和鸡群一模一样。原来，它是一只从小被养在鸡笼里的老鹰。

"怪鸡"不知道自己是一只老鹰，是空中的霸王。农场主人也觉得这只"怪鸡"除了外表外，与鸡笼里的鸡没有两样。然而老先生看着这一幕，感慨地想起自己的棒球生涯。

老先生从小就参加球队，却屡遭挫折，自暴自弃地认为自己没有天分、只是个庸才。但父亲持续鼓励他，让他看到自己的潜力。由于相信自己，加上没日没夜地练习，最终成为众人瞩目的职业棒球明星。他叹了一口气说："若非父亲在旁不停鼓励，如今自己不过就像这只隐藏在鸡群中的老鹰，埋没了天分。"

于是，他向农场主人买下这只"怪鸡"，希望可以帮助老鹰回到天空，让它做回自己原本的角色——遨翔空中的老鹰，不再受困于牢笼。

老人的孙女抱着鹰，来到一片草原，但无论如何鼓励老鹰飞翔，它都无动于衷。于是祖孙俩将老鹰带到半山腰，期盼它感受到山间气息，想起自己原先具有的潜力，但它还是不为所动。这时，小孙女说："爷爷，或许它已经忘了自己是一只老鹰。"

但老先生不放弃，带着鹰登上更高的山峰。山风呼啸吹过，老鹰象是想起了天性一般，高昂鹰首、挺起胸膛、张开翅膀，羽毛在风的鼓动中竖了起来，老人再次对鹰说："你是鹰，不是鸡！"同时在它眼前不断夸张地挥动手臂、手指向天空，"飞吧！飞吧！看看遨翔在天际的那些同伴！"

老鹰左顾右盼，又振翅了好几次，终于展翅冲向天际。孙女不可置信地问："爷爷，你是怎么使鹰飞起来的？"

老先生只回答："不是我使它飞起来的，让它飞起来的，是它自己！"

这部电影的片名是《超越巅峰》（Soaring to Nu Heights），内容极度震撼了我，让我非常感动，体悟到"成功操之在己"的道理。我想，我们永远要相信自己是一只老鹰，就如同影片里所说的："人生不会永远处在下坡，重要的是不断向上努力，因为每一分的努力，都会拉近我们与目标之间的距离，如果我们不断地向上攀登，终将实现自己的人生目标。"

事实上，每个人都是老鹰，只是我们一直没有认清自己属于天空。在这部影片的激励下，我发誓一定要让自己脱胎换骨。我告诉自己，我是老鹰，我注定要高飞。所以，我将预备成立的公司，取名为"超越巅峰"。

突破艰难，创造格局

事情并非想象般顺利，"超越巅峰"筹备初期异常艰辛，受到许多人的劝阻，长辈们甚至说我好高骛远、不切实际。面对不支持的声浪，虽然心中难免动摇，但我只能装作没听到，毫无退路地继续坚持下去。

我们在路上发传单，邀请路人参加免费演讲，很多人拿了之后就丢到垃圾桶，一天下来遭到了上百次的拒绝。记得第一场演讲只来了15个人，其中还有10个是工作人员，不过演讲结束后，5个人当中有3位愿意相信我们，留下来与我们一起讨论梦想与未来合作的可能性。

草创初期，没有经验、没有场地，都是靠一个个出现的贵人相助才能渡过难关。不懂如何举办活动的我们，只能到处向有经验的朋友请教；音控、主持没有人会，大家就从头开始摸索；为了充实自己，我们到处参加课程讲座；每个人的家里也都收藏一大叠杂志，用来吸收业界最新信息。

每当在问卷中看到有人给我们一点正面的反馈，大家往往聚在一起高兴半天。所有的努力，就是为了让自己熬出头。就这样，讲座人数从5人、10人、20人、50人，到现在每场都是上百人参加。

当时彻夜开会是常态，几乎天天都讨论到凌晨才散会。而很多伙伴七点还要起床上班，说他们倾"肝"相助一点也不夸张。记得有一次，当我们结束会议，看时钟已经是凌晨两点。但大家因为刚刚谈到的未来目标，都热血沸腾，舍不得离去，所以我提议到豆浆店边吃宵夜边谈。但吃完宵夜后，我们又欲罢不能地到公园继续讨论，直到清晨五、六点才回家。即使每个人被蚊子叮得满身包，但想到未来的目标与愿景，还是很热情、很兴奋。

这种"晚上睡眠不足，白天还要应付基本收入努力工作"蜡烛两头烧的日子，持续了一年。在这过程当中，很多伙伴因为怀疑而离开团队，甚至在背后嘲笑我们，怀疑我们团队真的可以撑下去吗？真的能开公司帮助更多人吗？但我没有怀疑，而这些阻碍也让我们更有动力往前冲。感恩草创以来一直不离不弃的十大元帅，在大家的坚持与同心协力下，我们一起创造"超越巅峰"的体验。

慢慢地，我们渐上轨道，也协助各大公司行号、组织营销团队、企业举办内训，如：Nuskin、克丽缇娜、绿加利、全台最大的汽车零件业龙头"大叶集团"。并与APP拥有将近40万名用户的"亚洲业务帮"、亚洲营销战略权威"Max"、网络营销企业家"林星"老师、网络营销高手"Terry 傅靖晏"、富裕自由教育长"路克"、博客来畅销书第一名作家"周怡洁"等人合办活动。此外，也进入"永和健言社"指导如何成为沟通高手，

No.1 领袖团队

Part 1 我要寻找人才

2013 年 紫南宫祈福

投入远雄人寿、中国人寿、富邦人寿、大诚保经、房仲业等单位举办早课,分享营销秘诀。如今,超越巅峰的学员已突破万人,成功举办了数千场演讲。

超越巅峰,六大展望

人因梦想伟大,超越巅峰不因现在的成果而满足,未来,更以六大展望激励自己,期盼能反馈社会,给更多人进一步的帮助。

1. 培训一百名国际讲师

超越巅峰的目标是迈向国际市场,因此我们积极培训一百名能侃侃而谈的教育训练大将,希望在中国香港、新加坡、马来西亚等华人聚集之处举办演讲,甚至组织"超越巅峰海外分会"。

2. 帮团队所有成员出书

"书"代表公司的招牌、个人的名片，拥有公司或个人专属的书，必能发挥更大的影响力。第一阶段，我们要为超越巅峰的核心成员，共同出版一本书，记录个人的成长故事、翻身历程。继而在未来，每个超越巅峰所培育的讲师们，都要拥有属于自己的一本书。

2014 世界华人八大明师大会

3. 走进电影院

电影，是感动人最迅速的媒介。未来，我们将拍一部以"业务人员与组织营销人员"为主题的电影，在影片中描述他们的奋斗史。期待通过这部电影让所有人都知道，一个人就算没有背景、没有人脉、没有口才、没有资金，一样可以通过业务或组织营销的打拼来圆梦。最重要的是，我们希望藉由这部影片的普及，提高业务人员与组织营销人员在社会上的地位，让这份职业的从业人员，更受到他人与社会的尊重。

4. 成立超越巅峰领袖山庄

公司草创至今，深知没有地方办活动，或活动场地设备不全的苦恼。因此，未来我们要购买一块自己的土地，在上面建立一座学员专用的山庄。山庄内有设备齐全的会议厅，提供学员舒适的学习空间，也有住宿房间以方便同时举办两天以上的活动。此外，还要设置咖啡厅与运动中心，作为学员放松、交流的场所。期待通过此领袖山庄，让学员自我充实，并结识更多顶尖人才。

5. 成立教育基金会

一个人的竞争力，会决定他未来人生的命运，但并非每个人都拥有平等竞争的机会。我自己出身贫穷家庭，深感资源不足的痛苦。因此，待公司资金充足，我们将设立一个支持弱势的教育基金会，让没有资金学习的人，通过这个基金会而获得学习的机会。期望借由我们提供经费与资源，让他们来进修，拥有竞争力，进而提升台湾的整体竞争力。

6. 在上海举办十万人演讲

我的恩师梁凯恩老师，曾经在上海举办五万人演讲，这场演讲让我十分感动。因此，未来我们将在亚洲举办一个"十万人演讲"，期望借此感动更多人，让更多人认识台湾，也让更多人知道超越巅峰这样的公司与团队。

我深信"只要愿意学习，就有机会拥有不平凡的人生。"如果像我们这样的平凡人都可以办成这么大的活

超越巅峰教育训练团队

动，你当然也可以。因此，成功举办十万人演讲，就是我们的梦想。

　　超越巅峰的使命，是帮助全世界热爱学习朋友，拥有全方位的竞争力，改变过去，创造未来，迈向超越巅峰的人生。期盼每个人都能从"超越巅峰企管顾问公司"的课程中，激发自己无限的潜能，超越自己的极限，从而迈向人生的巅峰！这是我自己和公司的期许，也是一辈子不变的人生志业！

> 《启动梦想吸引力》作者王莉莉："超越巅峰的成立，是一段相当励志的英雄旅程，如果你是个想要突破自我、克服所有阻碍——包含销售困境的人，这本书会让你知道其实你并不孤单，而且你也能超越自己的巅峰。"
>
> 《启动梦想吸引力》创见文化出版

Part 1 我要寻找人才

Unit 03 谁才是一流销售员？

梵高（1853～1890）、毕加索（1881～1973）—世界上两大著名画家，他们的才华不相上下，前者的画一直等到他死了，才开始变得有价值；而毕加索则是活着的时候，他的作品已经让他名利双收。他们的差别到底在哪里？

梵高生前一直默默无名，因为他不会推销。除了不知道怎么去"塑造"自己作品的价值外，连在爱情方面，他也相当戆直。据说他曾爱上一个女性，却被对方狠狠拒绝，为了表示他的爱，最后梵谷竟然把自己的耳朵割下来，寄给那位女性。今天如果你收到一盒礼物，打开里面竟是一只血淋淋的耳朵，试问有人会觉得那是"爱"的表示吗？传闻看到这份"爱的礼物"后，那位女士当场晕倒，从此再也不见梵高。郁郁不得志的梵高，又遭逢爱情的碰壁，最后得了忧郁症，举枪自尽，结束了不得志的一生。

毕加索则是一个销售的天才。每当有新的作品出炉，他就在宫廷里办一个高级宴会，邀请名流望族来参加。他预备了一个有前后门的小房间，里面摆设最近的作品，一幅一幅的画作都用布盖起来。为了制造神祕感，他一次只接待一位看画的买家。买家从前门进去，毕加索陪同他将一幅一幅画作前面的布幔掀开，若买家有意愿购买，他便说："你要以多少钱买这幅画，写一张纸条给我，我会卖给出价最高的人。"说完便请他从后门离开，他再到前门接待下一位观赏者。

由于买家不知道他的竞争对手会出多少钱，往往一开始就开出不低的价格。加上毕加索先将有能力购画者聚集在一起，再营造这个有神祕感的小房间，可说是先"提高销售可能性"，再转攻"心理战术"，这可是极高的销售策略。无怪乎每当毕加索一有新作品，都能天价交易！这就是毕加索的人生！

成功的人都懂销售

天哪！会销售与不会销售有天壤之别！会销售能让人改变命运、扭转人生！不管从事什么行业，不管你现在做什么样的工作，你一定要学会的就是销售。不只业务人员需要懂得销售产品，我认为每个成功的人都是业务，每个人都需要学好销售。

这样的说词可能颠覆了你的想法，因为你会说："又不是每个人都喜欢销售！"

事实上，成功的企业家、政治家都是最强的销售达人，例如比尔．盖茨和贾伯斯，他们的公司除了推出好产品外，更强的是后端销售力；英国前首相丘吉尔，总是利用每一场演讲销售展现他的魅力，让人民信服随从。试想，如果上班族不懂得销售自己的创意，如何获得老板的肯定？如果医生不懂得销售自己的专业，怎么会获得病人的信任？如果老师不懂得销售自己的知识，如何获得学生的追随？甚至一位家庭主妇也需要销售自我，她必须了解家庭需求、丈夫需求、孩子需求，然后将

Part 1　我要寻找人才

自己最好的一面带给整个家庭。

根据我的观察,许多人对于业务／销售工作怀有误解,例如认为:

◎ 推销是看人脸色且不稳定的工作
◎ 找不到工作的人才会从事业务相关工作
◎ 人际关系不好的人不可能成为业务高手
◎ 业绩愈好的人,人际关系愈不好
◎ 业绩好的人其实并不快乐
◎ 从事业务工作会失去自由
◎ 为了把销售做好,就必须牺牲生活质量
◎ 业绩的好坏跟运气有很大的关系
◎ 业绩太好会导致压力和健康的问题
◎ 要把业绩做好,必须牺牲客户的权益
◎ 只有会说话、口才好的人才能把销售做好
◎ 销售是一种天分,超级业务员只是极少数
◎ 我太年轻／太老了,不可能成为业务高手

上述 13 项内容,在我来说是误解,但说不定是你一直以来深信不疑的观念。

其实这些叙述,并没有绝对的"对"或"错",你认为有道理,一切都有道理;但你若想推翻,一切都可以推翻。但我必须告诉你:认同了愈多项,你的人生就愈被局限。

如果你有"非成为一个超级业务员不可"的决心,请将上

述全部推翻。因为一个厉害的业务员，最终不需要看人脸色，且是个绝对稳定的工作。他可以业绩好、朋友多、身体健康、心情愉悦。他是为了服务而销售，所以不可能牺牲客户权益；他具备坚强的专业实力与诚恳态度，不是只有好口才；他不受限于年纪、天分或运气，只要有心、愿意接受磨练，那么绝对可以成为业务高手。

总之，想成为一流销售员，不是看你现今具备什么条件，而是看你对于"想要"的心有多强盛。这股"想要"的心，就是最大的"潜力"。

思考你所在的象限

你"想要"什么？

你对于"时间自由""财富自由"有多少渴望？不想领死薪水？不想被固定打卡上下班绑住？想自己决定工作时间？

只要不是在一个阶级严明或极权专制的国家，每个人都有绝对的自由去选择创造财富的方法。一般来说，可依照财富的取得，将人分为四种类型：

1. 雇员（Employee）

指受雇于公司的职员。顺利的话朝九晚五，可以准时上下班；若工作为责任制，则是暗无天日的加班，凌晨才坐小黄(taxi)回家。一般而言，被打卡时间制约，一年的休假也非常有限。身为雇员，命运掌握在老板的手里，随时可能被解聘，因此要不断琢磨自己的实力，才有升迁与加薪机会。到了一定的年纪才能退休，届时可能已经失去了四下游玩的体力与健康。

2. 自由工作业者（SoHo）

不愿意被打卡钟制约的人，可能会选择自由自在地在家工作，也就是成为"SoHo 族"。一开始还没有名气和人脉，可能接不到案子，经济颇令人忧虑；等到经验与实力累积到一定程度，则是为了温饱拼命接案。常常被客户的时限追着跑，命运掌握在客户手里。基本上没有假日、没有退休，赶稿的高峰期也没有生活质量可言。

3. 系统建立者（Builder）

有野心、有能力、选择创业开公司的人，只要成功了，就是所谓的"系统建立者"。这类人靠着一定量的资金，再出脑袋建立一套系统，就能让大家为他工作。连锁企业、大公司以至中小企业，只要能一年以上不进公司，却还可以不断累积财富，就是这个象限的人。

4. 让钱替你工作的投资家（Investor）

充满冒险精神、愿意投资，又具备充分的见识与眼光，则可以成为"投资家"。投资股票的人可能一天要花 14 个小时研究报表；投资企业的人可能要密切观察公司的财务状况；而投资自己的业务，必须不断提升自己的专业能力，更重要的，是将自己转换成一个愈来愈受欢迎的人。这个象限的人，虽然有风险，但投资报酬率极高，也不会被工作绑住，能自由自在地运用时间。

E 雇员	S 自由工作者
B 系统建立者	I 投资家

- 命运在老板手里
- 少有假日
- 可以财富自由
- 可以财富自由

你注意到了吗？只有 B 象限与 I 象限的人，才能真正达到财务自由；E 象限与 S 象限这两个赚劳力财的人，要到一定的岁数才得以真正退休、不再工作。一般业务——也就是终日汲汲营营于业绩的人，几乎与 S 象限的人状况相同。然而愿意投资自己、经营组织、打造系统的业务员，则位于 B 与 I 象限。这世上，不是钱在替你工作，就是你在替钱工作。你呢？从今天开始，你可以决定你要为谁工作。

对于业务，某些人会有负面的刻板印象；也有人觉得自己个性不适合成为业务，但如果你决定要成为业务，就不要被这些阻碍束缚。我认为没有什么既定观念不能被打破，关键在于你想不想打破。我常到各企业上课，课后总有看来缅腼、不善言语的学员怯生生地问："我真的适合担任业务吗？""我这样个性的人也可以吗？"我永远都是这样回答："如果你想要，那你就可以办到！"这话不是信口开河，我自己就是经历了一段超越自我的过程，如果连我都可以办到，我相信你一定可以。

本单元开始，请逐次填写"15 分钟成交 note"。那么，本书在读完后，将成为你个人的"成交梦想实现书"。现在就拿出笔来试试吧！

Part 1　我要寻找人才

15 分钟成交 note

你是一流的销售／业务员？如果没有你要的答案，可以不勾选。

	4分	3分	2分	1分
从事业务工作的时间	□5年以上	□超过1年	□1年以内	□3个月以下
每日拜访顾客数	□12访	□8～11访	□4～7访	□1～3访
对于时间运用与管理	□能精确掌控一分一秒	□稍微被提醒，立刻就奋起	□需要他人催促才能完成事情	□即使被催促也拖拖拉拉
遇到挫折时	□屡败屡战且毫不犹豫！	□想一下～便能立马奋起	□需要一点时间振作	□习惯先放弃
周遭的人有困难时	□不管是谁，立即前往鼓励对方	□若是好友才会立即行动	□忙完自己的事情再说	□看心情
与人沟通方面	□擅长倾听，听完才提出自己的看法	□迫不及待说出自己的看法	□如果事不关己，便会失去耐性	□不擅长理解对方、也不擅长说出自己的想法
对于薪水的执着	□我一定要年薪百万！	□我希望年薪百万！	□如果可以的话我想要年薪百万	□有点难，但可以年薪百万也不错
对于休假的看法	□尚未成功前我绝不休假	□休假也是可以接生意	□我会在休假以外的时间卖命工作	□至少要有周休二日
对于销售的看法	□任何行业都需要销售	□大多数行业需要销售	□销售必须到处求人	□我很不喜欢销售
对于业务工作的看法	□业务是一种艺术	□业务可以赚大钱	□当业务可能影响我的人际关系	□我是不得已才从事业务工作

成交，就是这么简单

裕峰老师's show time

　　获得31～40分者，恭喜！你是个绝对会成功的销售／业务员。21～30分：持续自我磨练，有朝一日一定会成为超优业务员！11～20分：即使不从事业务工作，仍是一个温暖、与人沟通良好之人。10分以下：要成为业务员可能有点辛苦，但只要调整心态、用心整装，仍然可用崭新姿态出发。

Part 2

百分百成交
必胜心法

人的心志无比坚强,
信念,是决定命运的终极力量。
找出恐惧与限制,
逼自己在众人面前摧毁它,
然后,重新打造一个
让自己满意无比的一个更好的自己!

成交，就是这么简单

Unit 01 信念的终极力量

亚洲前首富孙正义在 19 岁那年，规划了自己人生的蓝图："30 岁以前，要成就自己的事业！40 岁以前，要拥有至少一千亿日元的资产！50 岁之前，要做出一番惊天动地的伟业！60 岁之前，事业成功！70 岁之前，把事业交给下一任接班人！"这就是十分著名的"孙正义人生五十年计划"。立下宏大的目标后，他比别人更努力学习，更废寝忘食地致力于专利发明，甚至强迫自己每天都要有一个关于企业的新想法。

1981 年，也就是孙正义 24 岁那年，创立了日本软件银行，当时员工只有两人：一名雇员、一名临时工读生。开业那天，他搬了一个装苹果的木箱到办公室里，站了上去，在两名职员面前展开激昂的演讲："公司的营业额 5 年内要达到 100 亿（日元），10 年要达到 500 亿（日元）。"在台下的两位听众神情漠然，却碍于员工身份默默听讲。然而老板孙正义天天都这样精神喊话，最后两人都受不了而离职了。而持续梦想、不停奋斗的孙正义，如今名列日本富豪榜前三名。

孙正义曾这么说道："起初一开始只是梦想和毫无根据的自信，但一切就从那里开始。"这就是信念的力量！

一样的能力、不同的信念

你驾驭信念的能力，将决定你会以何种速度，达成你人生的目标。流行多年的一本书《秘密》，当中强调吸引力法则背后的"强大力量"，就是来自一个人的"信念"。信念创造行动，行动导致结果，结果决定你的成就。所以，一个业务员的潜能是否发挥，与他的信念有很大的关系。

两个刚毕业的年轻人峻乔和可馨，资质一样，能力一样，背景一样，口才也一样，也就是两个人的条件、能力几乎相同。他们同时到一家公司去从事销售工作，这两个能力均等——同样刚出社会、没有工作经验、谁也不比谁强的年轻人，在两年后，成就会一模一样吗？其实，他们的成就，决定于对这份工作所抱持的信念。

峻乔认为："我刚毕业，没有任何的社会历练和工作经验，最重要的是没有人脉，这样不懂销售、没有背景的自己来从事销售工作，真的适合吗？"

因为对自己抱持怀疑的信念，潜能便无法被激发出来。这颗被深植在内心的怀疑种子，从峻乔第一次拜访客户被拒绝时，便开始发芽。"哎！这个工作，我果然做不好！"每被拒绝一次，他的思想与行为都就愈发负面与消极，而心态与行为也造就他的惨淡业绩。

就这样，信念阻碍他的潜能，影响他的行为，行为导致结果，而不好的结果又再次强化他的负面信念，就这样周而复始不断恶性循环。三个月后，本来就已经很少的自信心完全消失殆尽，最后他只得宣告失败。仿佛理所当然地告诉自己："我果然不适合当业务员，不是从事销售的料。"

最后，他不但递出辞职单，还有了一个永久性限制自己的信念："我再也不当业务员了。"

而可馨所抱持的信念，与峻乔恰恰相反。她想："我虽然刚毕业，没有社会经验，朋友圈也十分有限，不过就算不懂销售，相信天下无难事，只要我比别人加倍努力，总有一天，一定能迎头赶上，在业界闯出自己的成就。"

当这样的信念深植在她内心，发挥出的潜能自然是峻乔的千万倍。即使遇到了挫折，承受挫折的能力也超乎自己的想象。重要的是，她所表现出来的积极行为与心态，最终会反映在业绩上。

持续成长的业绩数字让可馨告诉自己："果然没错，只要努力，一定能够得到回报，我只要这样继续下去就对了！"于是，她的正面信念愈来愈强，潜能发挥得愈来愈好，行为愈来愈积极，业绩也以不可思议的速度飙升。如此周而复始，形成一种向上的、良性的循环。

从峻乔和可馨的例子来看，虽是一样的资质、一样的条件、一样的背景、一样的能力，但在同样的起跑点上，没有谁比谁好。因为对工作信念的不同，峻乔每天往下沉沦一点，而可馨每天向上提升一点。如果一天差别一点，一个月就差30点，一年差365点，三年就差了1000点。三年之后，峻乔仍然在那里消沉，甚至不知道自己应该做什么行业，常常换工作；而可馨已经在这个行业当中打下了三年非常好的基础。

斧头也可以推销给总统

一位美国推销员乔治．赫伯特曾成功将一把斧头推销给当

Part 2　百分百成交必胜心法

时的美国总统，布鲁金斯学会因而颁给他一只刻有"最伟大推销员"的金靴子。上一次颁赠金靴子，远在26年前，那是当一位学员成功将微型录音机推销给尼克松总统的时候。

布鲁金斯学会是一个培养超级推销员的组织，曾造就出百余位百万富翁。为了激励学员，他们不断在挑战推销的极限。1993年起，该学会向学员出了一道难题："请将一条三角裤推销给现任总统。"8年过去了，每一位推销员都无功而返。后来学会将难题改为："请将一把斧头推销给总统。"

乔治·赫伯特是当期学员，他决心一定要完成这个目标。通过信息搜集，他得知总统在得克萨斯州有一座农场，他私下造访后发现农场上有许多枯树，于是写了这么一封信给总统："有幸造访您的农场，发现许多枯树，我想您一定需要一把新的斧头。我手边刚好有一把大小适中、适合您体型使用的斧头，如果您有兴趣，我可以卖您15美元。"后来他就收到了总统办公室汇来的15美元。这笔生意的成交价虽然仅仅是15美元，但难得的是他向"什么都不缺"的总统成功推销了一项产品。

布鲁金斯学会在颁奖时如此表扬："我们一直想寻找这么一个人——这个人从不因有人说某一目标不能实现而放弃，从不因某种事情难以办到而失去自信。"

许多事情不是难以做到，而是因为我们先失去了自信，这些事情才变得难以做到。信念决定一切，身为销售员，必须确信"没有卖不出的产品，只有卖不出产品的人"，愈是理直气壮，愈能把销售的成绩做好。

什么样的状况可以让你理直气壮？那就是："相信你的产

品"！相信你所卖的产品百分之百可以帮助到别人，倘若你坚信不疑，相信你的产品能够帮助别人，那就不只是卖产品了，你卖的是一份爱。当你出售的产品是爱，你还害怕别人拒绝你吗？还怕别人误会你吗？还害怕别人用异样的眼神看你吗？为了爱而成交，你才会拥有无所畏惧的信念。

大声朗诵你的信念

据说，平均100个贝壳里，有3个里面藏有珍珠。

因此，当你在海边漫步时，沿途拾起的贝壳中，大部分都是里面没有珍珠的贝壳。你连续拾起10个没有珍珠的贝壳，这很正常；连续找了50个贝壳，也可能都没有珍珠；甚至，你连续找了80个贝壳，打开里面依旧一颗珍珠也无。这时，绝大多数人会选择放弃。选择放弃的人，倒不如一开始就不要找。

但如果你坚信每100个贝壳里，3个藏有珍珠，你就不会在拾起80个没有珍珠的贝壳时放弃，而是会坚持去找出100个贝壳。都已经耗费找80个贝壳的时间了，为何不多找20个呢？

坚持下去，就一定会找到。这就是"珍珠理论"。然而，珍珠理论并非永远都能生效！只有在你拥有非常坚定的信念时，这个理论才运作得起来。终归一句：请相信自己，相信自己具有正面能量！

我所钦佩的王鸿铭老师曾给我能增加正面能量的几段话，我每天都会念三遍，着实让我受用无穷，在此与我敬爱的读者分享：

Part 2 百分百成交必胜心法

我就是所有的起源

如果我一定要过怎样的人生，
我就是所有的起源。
我的理解度、我的认真度、我的行动力，
我现在想要介绍、想要邀请的人，
全都是借由我来观察、思考、行动。
我就是代表一切！只要我意志坚定，
环绕着我的伙伴也会意志坚定。
我就是代表一切！只要我认真行动，
环绕着我的伙伴也会认真行动。
我就是代表一切！只要我心存感恩，
环绕着我的伙伴也会心存感恩。
我要亲做表率！
我要为我的人生负百分之百的责任～ YES！

15 分钟成交 note

大胆定下 10 年后的远程目标，倒推你 5～9 年后中程目标，以及明年起要完成的近程目标。

成交，就是这么简单

★ 10年后，我要成为：

（例：10年后，我要成为每月业绩500万的超级业务员！）

倒推	时间（例：2024年）	目标
10年	年	
9年	年	
8年	年	
7年	年	
6年	年	
5年	年	
4年	年	
3年	年	
2年	年	
1年	年	

裕峰老师's show time

销售人员经常要问自己三个问题："我凭什么值得别人帮助？""顾客为什么要帮我转介绍？""顾客为什么向我买单？"

控制你的信念！成功者，做别人不愿意做的事；成功者，做别人不敢做的事；成功者，做别人做不到的事！

Part 2 百分百成交必胜心法

Unit 02 找出你的限制性信念

我相信每个业务员心里,都清楚了解信念的重要,而且应该也花不少钱去上了许多昂贵的潜能激发课程,然后每天在心里对自己喊话。只不过,又有多少人在上完这些昂贵的课程后,在走出教室大门的那一刻,真正地改变自己?

以我多年的经验看来,残酷的事实是:真正愿意改变自己的人少之又少,如同凤毛麟角。为什么?因为他们放任七只"魔鬼"住在心里,而这七只魔鬼,正是造成他们始终穷忙,口袋永远困窘的"罪魁祸首"。这七只魔鬼就是:

◎ 习惯性爱拖延,阻碍你改变的"拖延鬼"。
◎ 不敢面对客户,讨厌被拒绝的"怕被拒绝鬼"。
◎ 喜欢给自己的行为找理由的"借口鬼"。
◎ 遇到困难时,不敢面对现实的"逃避鬼"。
◎ 凡事只有三分钟热度的"容易放弃鬼"。
◎ 凡事都往坏处想的"负面思考鬼"。
◎ 容易不耐烦的"没有耐性鬼"。

只要你心里住了其中一只魔鬼,那么这只魔鬼就会干扰你的信念，阻碍你成功。也就是说，如果你想要成功，就必须要把它们从你心里"驱逐出境"。

但是，要怎么驱逐它们？难道只要去上上潜能开发课程，每天对着镜子喊加油就行了吗？当然不是，驱逐魔鬼的第一步，就是逼迫自己审视过去不好的经验、不堪面对的痛楚，当你了解当下拥有这些不好的信念（也就是七只魔鬼）源自何时、如何形成时，就能正面去克服并超越。

负面信念的来源

许多现阶段的阴影与干扰，来自我们生长和学习的环境。生长在一个充满负面情绪的环境里，思想通常也会很负面。以家庭环境来说，从小看到父母婚姻不幸福的人，长大以后，容易对踏入礼堂产生畏惧；常常被指责的孩子，也容易否定自己。同样的，曾在学习中受挫的孩子，未来较不敢尝试突破与创新；总是在课堂上被羞辱的学生，也可能导致他对于书本的厌恶。

我有一个女性朋友，总是觉得自己的长相比别人差。其实她长得不错，可是为什么她对自己的长相这么没有信心呢？那是因为，她爸爸从小就叫她"丑小鸭"。她爸爸最常对她说的话就是："丑小鸭，别以为自己长得怎么样，你长得就是丑啊！"

爸爸每天不断地讲，她每天装作不在乎地听，日积月累听习惯了，也觉得是事实，导致她爸爸愈讲，她就对自己的相貌愈没有信心。由于长期被"洗脑"，她觉得自己真的很丑，对自己的长相充满自卑感。

其实，我们大多数的人，从小就是在"被暗示"的环境中长大，想想看，你的父母与师长是不是常对你说"你怎么那么笨？"或说"你以后没前途"诸如此类的负面言语？或许他们的出发点是希望你争气，但事实上，却可能将你原来拥有的自信心击溃。

话说我这个朋友，在一年没见之后，某天当我再看到她时却"惊为天人"。她整个人容光焕发，不再是以前畏畏缩缩的模样。原来，是她对自己的信念转换了。沉浸在恋爱中的她，每天听着另一半的甜言蜜语，除了赞美她的外貌，更赞美她在各方面的能力。她因此心花朵朵开，而心情好，容貌自然就跟着转变。

然而，并不是每个人都这么好运，能藉由外力，顺利从过去的阴影中挣脱出来。因此，最重要的力量仍是来自你自己。当你在审视自己的过去时，绝不要认为"都是我不好。""都是我差劲。"而是要将心境转换为："只是因为某某人误解我。""当初他误判了我的实力。""其实我很有潜力。""其实我是能读书的人。"虽然面对过去有时会很痛苦，但只要搞清楚它的底细，就能够正面地击倒它。

不，你不要给自己"安桌脚"

一个人之所以失败，主要是因为你限制住了你的"信念"，因而始终无法成功。以桌子来譬喻吧！一张桌子是由两个部分所组成，一个是桌面，另一个是桌脚。一个人展现出来的信念如同桌面，稳固的桌面需要桌脚支撑。信念不可能无中生有，而支撑信念的桌脚，就是信念的来源。

你过去的人生经历是一个桌脚,家庭与社交环境是另一个桌脚,别人对你的暗示可能又是一个桌脚……桌脚愈多,这个桌面就愈牢固、愈强大,对我们的未来所产生的影响也愈大。但重点在于:你的信念,究竟是"确信成功"的信念?还是"限制性"的信念?如果是后者,你必须除去你的"桌脚"。

过去,我自己也有限制性信念。我总是觉得自己的口才不够好,不善与人沟通,而且这个"桌脚"从小学时代就有了,直到我学会自我分析,才彻底拔除这个桌脚。

为了找出限制性信念的根源,找出支撑我这个信念的桌脚,我很努力地回想,到底是从什么时候开始觉得自己口才不好呢?是生下来就不好?还是因为某个事件所造成的影响呢?

最后,我想出来了,我是因为10岁那年发生某个事件,才生出这样的想法。

小学五年级的时候,有次学校举办演讲比赛,而且是即兴演讲。那是一个相当大的场面,由校长亲自在台上主持,从一年级到六年级,每班都要派代表去参加比赛。

这个代表不是由老师指定,也不是由同学推选,而是老师把每个同学的学号放在箱子里随机抽取,在抽出参赛者之后,再用同样的方法抽出演讲题目给参赛者,接着即席演讲三分钟。这么恐怖的比赛方式,让每个学生心跳如战鼓!

现场,全校将近一千名的学生在老师抽签时,都在心里拼命呐喊:"不要抽到我,不要抽到我,不要抽到我……"当然我也不例外。

不过,命运之神并没有眷顾我,可能我的潜意识力量不够

Part 2　百分百成交必胜心法

强大，虽然用力祈求上天不要抽到我，但还是不幸被抽中了，而后抽到的题目是"我的父亲"。

那时才10岁的我，一想到要对着一千人演讲，就两腿发软、双目呆滞，脑中只有"死定了"这个念头。于是我在脑袋一片空白之下，发表了一场"我的父亲"的演讲。记得当时我紧张得连父亲姓什么都忘了，完全不知道自己到底说了什么，走下讲台的时候只觉得所有人都在暗自取笑我，丢脸极了。

之后，学校公布演讲比赛的名次——说实在的，我到现在还不能理解学校的做法，他们居然只公布了前三名和最后三名，其他名次都不公布。很不幸地，我是倒数第二名。虽然知道自己表现不佳，但这个公开在全校一千多人面前的名次，重重打击了我的自信心。

自此以后，我给自己安了一个桌脚：我的口才"果然"不好，不会沟通，也不会说话，要是会说话，怎么会得倒数第二名呢？一定不会错的！往后每发生一件不好的事，我就持续不断的自我暗示：一定是自己沟通能力不佳。长久下来，这个桌脚愈来愈粗、愈益牢靠。

这个不堪回首的记忆，在我心中留下相当大的创伤。然而当我勇敢去正视它、面对它，且不停地告诉自己："我并没有错啊！""在一千人面前演讲，会紧张是自然的！""问题在于当年不合理的比赛规定！""问题在于不懂得保护学生的老师身上！"伤口便慢慢愈合。甚至我还可以这么告诉自己："林裕峰！10岁的你勇敢上台了，没有逃避，真是了不起！"就这样，幼时为自己安的桌脚便这么被拔除了！

检视你的脑能量

你呢？是否也曾为自己安了桌脚？当身为业务员的你不能月入百万，或许你该想想，你是不是有以下的"限制性信念"？

我必须得到批准才能成功	我认为自己做不到，因为没人赞美我、没人给我信心、没人认同我的能力。总之，没人保证我能成功，所以我始终无法成功。
我永远没办法成为我想成为的那种人	我不会开车，所以不能买Jaguar；我个性不坚定，无法从头到尾坚持一件事；我能力不足，永远无法成为想要成为的那种人。
如果我成功，就代表有人失败	世界上能够成功的人的总数，上天早就注定了吧！我的成功，会不会就是踩在一个失败者的头上？
爬愈高，摔愈重	希望愈大失望愈深，爱得愈深伤得愈深，我不想受伤，什么都不做，就不会受伤！

以上所谓"限制性信念"，都专注在"负面""我不想要"的念头上。如同失恋的人会陷在"他为什么不爱我"的念头里无法自拔，不断想着一定是自己哪里不够好，愈想愈痛苦！负债的人也总不断想着没钱怎样办，却不见得马上动身去赚钱。其实，与其每天一直想负债20万，为什么不赶快去想个能赚100万的点子呢？失败的人每天想的是"早知如此，何必当初"；成功的人却是想"下一步我该怎么做？"。不同的想法，会激发出不一样的脑能量，脑能量有正面的，当然也有负面的。

Part 2　百分百成交必胜心法

所谓的"限制性信念",简单来说就是"想太多",你不妨在每个多想后面上一个问号,然后试着解套:

可怕的多想	解套
我必须得到批准才能成功?	凡事都要别人加持,你的人生必有所局限;相反的,你自诩是不可替代的存在,你的人生便由你自己决定,你就是自己人生的主人。
我永远没办法成为我想成为的那种人?	成功如同打靶,有四步骤:行动(先射击)、学习(没射中靶心,就持续学习到好)、修正(调整自己射击的姿势、心态等)、重复(不断练习直到射中靶心)。你必须相信,经历不断的行动、学习、修正、重复,总有一天一定会实现目标。
如果我成功,就代表有人失败?	这是一种"奇妙"的迷思,却是最具杀伤力的理由,甚至是一个推拖的理由。但事实却是:成功并不缺货!你应该想的是:如果我只能有一个成功的话,我要什么样的成功呢?
爬愈高,摔愈重?	输是赢的一部分,就像大家都知道,选总统是非常不容易的事,那么多人选,而且选上机会很渺茫。然而一直害怕选不上的话,是不是就不要去选了?任何事情也是这样,你因为害怕失败,永远不去尝试,又怎么会知道最后的结果是什么?相信我吧!付出愈多、得到愈多。

如果你总是先问"到底要花多少时间、多少金钱才能成功?",何不转换为"为了成功自己愿意做出什么承诺、付出什么代价?"。如果你总是认为"我只是不做罢了",那么何不快点行动?

让我告诉你一个事实:你的承诺,决定你要花多少时间!

你认为肯做的话早就拥有了,那为什么你还没有呢?因为你没有一定要。

你现在的结果，都是你习惯的结果，想要成功，改变现在这个结果，你必须重新给自己正向的信念。

从今天起，你要这样思维：

"我不仅相信事情会改变，还同时相信我必须推动改变。""我相信，我绝对有能力改变！"

曾经有人告诉我，成功比失败还难，然而在我看来，失败比成功还要难。我认为，所谓"成功"就是明确化你的目标、拟定良好的计划、展现个人特质、发挥自我潜能，并且持续不懈地朝目标努力，最终达成你期望拥有的人生，这，就是成功。

没有人不想成功，有哪个失败者愿意坚持一辈子当个失败者？只要你不想当失败者，只要你愿意解除"恐惧"、卸下"限制自己"的桌脚，你就会跟我一样，发现"失败比成功还难"。

15 分钟成交 note

眼前出现一个目标时，你心中会冒出什么想法？

☐ 达成这个目标会不会浪费我很多时间？

☐ 为了这个目标，我愿意做出什么样的承诺？

☐ 达成这个目标感觉很难，我做得到吗？

☐ 为了这个目标我愿意付出什么代价？

☐ 这个目标值得我这样付出吗？

☐ 达成这个目标，第一步要做什么？

☐ 不是我做不到，如果我肯去做的话，那我早就拥有了。

☐ 为了达成这个目标，哪些事我早该去做，而我却一拖再拖？

Part 2 百分百成交必胜心法

裕峰老師's show time

你发现了吗?左边是失败者的思维,右边是成功者的哲学。如果右边打勾的数目多于左边,你就是未来的成功者、胜利者。调整思维、向成功者的态度倚靠!记住!要超越限制性信念,同时不计一切代价地拼命学习。

Unit 03 克服恐惧，不畏拒绝

如果你今天要选里长，在拉票过程中，会有几百个人拒绝你；假设你要选立委，可能会吃上几千人的闭门羹；选市长的话，几万个拒绝想必是少不了；总统呢？绝对有几十万个人可以拒绝你。这是什么意思呢？亦即你想做的事业愈大，理所当然会被愈多人拒绝。

销售也是，本身就是一个不断被客户拒绝的生意。试想，如果不需要你出马，每个客户就主动排队来抢购产品，那么身为销售员的你也就失去了真正的价值，公司根本没有必要花钱聘请你、给你机会去销售产品。

当然，世界上也存在深受顾客信赖的销售员，他们极少被拒绝，甚至顾客还主动排队上门。做到这一步的人通常已经是老手了，但他们也是从被拒绝开始的，一路奋战才到了现在这样的局面。

其实，客户之所以拒绝你，未必是反对你或你的产品，绝大部分的原因是客户"不想那么快下决定"，"拖延"是客户购买的一个惯性。而他们之所以拖延，是缺乏自信，害怕作出错误的决定所致，即便有可能错失良机，他们也不愿马上作出可能会使自己后悔的决定。

Part 2　百分百成交必胜心法

所以身为业务员，或是想要成为顶尖业务员的人，必须调整自己的心态，不要害怕被客户拒绝。只要正确认识销售的本质，同时对客户进行充分的了解，就能扭转内心害怕被拒绝的恐惧。

美国知名思想家艾默生（R. W Emerson）曾说："只要你勇敢去做让你害怕的事情。害怕终将灭亡。"如果你不想被"恐惧"这只看不见的手击倒，首先，要转换你的"成交"心态，摧毁你对"拒绝"的错误定义。

1. 你的产品物超所值

当你用 1 元的东西来跟别人换取 10 元，你当然会紧张，因为那是欺骗，不是等值的交换。很多业务员害怕被客户拒绝，就是存着这样的心理，他们认为自己的产品不值那个价钱，觉得自己是在欺骗客户，以至于被客户拒绝时，便心虚地认为被客户看出破绽。

说穿了，你之所以这样想，根源在于你对自己所销售的产品没有信心，甚至没有正确认识自己所销售产品的价值。

只要你对自己的产品价值有信心，就不必担心客户用一大串的理由来拒绝你，因为你心里清楚知道，你是用 10 元的产品价值去换取别人的 1 元。一旦你认为自己提供给客户的产品绝对物超所值，那么你所表现出来的态度一定是理直气壮、坦然且从容，而客户看到的，自然也是你的自信与专业。

2. 你的成交是为了帮别人解决问题

销售不是让客户掏钱来满足你的收入，而是为了替客户解决问题。如果产品对客户来说没有任何用处，那么再便宜他也觉得贵。

客户之所以购买，是因为他觉得你的产品能帮助他在事业、家庭、健康、情感、人际关系等方面获得改善。所以，调整你的观念，就可以改变你对销售的态度。

永远不要想着能从客户那里赚多少钱，而是问自己能为客户提供哪些最有价值的服务或帮助，只要你随时保持这样的心态去服务客户，就会显得从容而自信。

3. 成交是一种概然性

所谓"概然性"，也就是说你眼中看到的偶然性事件，其实是有其规律性的。简单来说，你买得彩券愈多，中奖率愈高；你拜访的人愈多，成交率也愈高。即便是世界第一名销售高手，也不能保证他所服务的每位客户都会成交。然而，不可否认的是，销售就是"一回生、两回熟"的技巧，随着你的业务技巧的不断提升，销售心态的不断改变，你的成交概然率就会大大提升。

你的收入不是来自于你的成交总量，而是来自于你的拜访总量，不要因为害怕被拒绝而不敢进行陌生拜访，"让拜访量达到最大"是成就超级业务的关键。

4. 客户一点都不在意拒绝你

很多业务员被客户拒绝后，心里很难受，情绪低落到了极点，觉得被拒绝是很没面子的事情。

其实，当客户拒绝你后，并没有花费太多时间或精力去考虑你的感受，当你走出他办公室时，他搞不好已经把你这个人给忘了。所以，千万不要用客户的表情或语言来伤害自己，因为这些都是你个人心里的想法。记住，不要把自己太当回事，因为客户并不在乎你!

5. 没有不好的客户,只有不好的心情

每个人都有心情不好的时候,当你走进客户的门,也许当下他正遇到麻烦事,以致给你脸色看。不同的心境会产生不同的反应,当客户拒绝你时,有时候并不是因为你这个人不好,也未必是他不喜欢你,而是当时他的心情不好所致。只要你认识到,没有不好的客户,只有不好的心情,那么你就不会因为被拒绝而感到痛苦。

6. 拒绝你,其实客户也很紧张

当你去拜访客户的时候,你觉得是客户比较紧张,还是你比较紧张?

很多销售人员去拜访客户的时候战战兢兢,走到客户大门口还不敢进去,要深吸好几口气、给自己心里喊话,才敢伸出手按下门铃。

从我多年的经验看来,其实很多客户比你还紧张。因为东方人普遍认为成全别人是美德,助人为乐是好事,所以不习惯拒绝别人。

尤其中国人都爱面子,不买还觉得不好意思。举例来说,如果你去服饰店仔细观察就会发现,即便店员有礼地对客人说:"先生/小姐,不买没关系,喜欢的都可以拿起来试穿。"这时候,大多数顾客反而开始紧张了起来,直觉反应:"我只是随便看一下。"当顾客说这句话时,难道他真的只是随便看一下而已吗?不,其实他心里说不定很想买,他之所以不敢试穿,就是

怕试穿以后不合适，拒绝店员很不好意思。为了避免场面尴尬，他只好假装自己不想买。

所以，当你了解顾客拒绝你，他心里也很不好受时，你还有什么好担心的呢？当你认知到失败和被拒绝，实际上都是我们内心的一种感觉之后，你其实就不会那么难受，甚至懂得把客户的拒绝，重新进行"定义的转换"，让拒绝反成为成交的动力。

综上所述，当客户对你说："你的产品太贵了。"你要将思绪转换成："其实顾客是希望我告诉他，为什么我的产品值这么多钱？"或是："顾客希望我告诉他，为什么他花这些钱来购买我的产品是值得的。"

当客户说："我要回家考虑考虑"或是"我要跟别人商量商量"。你要将思绪转换成："其实顾客希望我给他更充足的理由，让他能安心地买下我的产品，而不需要回去和别人商量。"

总之，被顾客拒绝的时候，你只要设身处地站在顾客的角度，理解他的心理，明确了解顾客为什么会提出这样的问题，进而解决他的问题，如此，顾客的拒绝就会转变为成交的关键。

当顾客提出异议时，你还可以如何进行"销售转换"呢？

客户说：太贵了！	客户说：质量怎么样？	客户说：我没时间！
【客户心理】除非你能证明产品是物超所值	【客户心理】你能给我什么保证？	【客户心理】我为什么要把时间花在这里？

Part 2　百分百成交必胜心法

【销售转换】 你觉得多少钱比较适合?	【销售转换】 你需要什么保证?	【销售转换】 对你来说最重要的是什么?

如果平均和 5 个人见面可以和 1 个人成交，代表每被拒绝一次，距离成交就更近一步。所以"拒绝＝成功"。被拒绝次数愈多，成交率愈大。不要害怕被拒绝，要用心想方设法，让自己被接受!

虽然被顾客拒绝的当下，适当的转换情绪很重要，但有一点不可忽略的是，有时候顾客之所以拒绝业务员，是因为业务员太过"白目"，或是"没礼貌"。我曾经看过有个业务员，很认真地准备了一大叠资料，但却直接把那一大叠未经整理的原始资料丢给客户，请客户自己慢慢看，让客户整个傻眼。想都知道这是一笔不可能成交的生意。明明用心花时间找资料，结果造成反效果，岂不是白白浪费心思?

15 分钟成交 note

1. 被拒绝有哪些好处?（例：可以让自己哪方面的能力增强?）

_____
_____
_____
_____

成交，就是这么简单

---

2. 当你听到哪些句子时，会让你觉得自己被拒绝了？试着将你认为客户拒绝你的话，作个巧妙转换吧！

客户说：		客户说：	
客户		客户	
心理		心理	
销售		销售	
转换		转换	

裕峰老师's show time

准备好会被拒绝 6 次以上，然后依照你的名单，每个客户都拜访 6 次以上。如果真的每次都被拒绝，不必灰心，保持追踪、跟进就好，因为在这当中，一定有人会被你的诚心打动。最重要的是你要改变消极、害怕的想法，永远正面积极思考，那么客户的所有回应，对你而言都是正面的回应。

Part 2 百分百成交必胜心法

Unit 04 量身打造你的销售盔甲

销售之神乔·吉拉德说:"在你成功地把自己销售给别人之前,你必须百分百地把自己销售给自己。"

有个菜鸟业务员刚入行,第一次去拜访客户时,明明人已经走到客户公司门口,却迟迟不敢伸出手去按电铃。他徘徊在人家公司门口,嘴上念念有词,不断在心里对自己精神喊话,过了半小时,终于深吸一口气,带着"必死"的决心按下门铃。

"你终于按铃了,"这是客户开门后对他说的第一句话,"我从半小时前,就从门口的监视器里看到你站在我们公司大门,大家都在纳闷你为什么不赶快进来。"

这不是笑话,而是真实的案例,这表示,业务员所展现出来的一举一动,其实都被客户清楚看在眼里。很多业务员因为对自己缺乏勇气,没有自信,因而不自觉地在客户面前表现出畏缩的模样。

然而,一旦你的畏缩态度被客户一眼看破,客户如何还能信任你的专业?如何愿意与你成交?

客户喜欢与有资历和有实力的销售人员来往,因为对他们而言,只有专家才能提供他们最有价值的服务与帮助,这也就是为什么很多人宁愿在医院等上数小时,也一定要挂到名医的病号的原因。

所以，如果你想让买方清楚感受到你的专业与能力，那么从第一次开口与客户说话开始，就要充分显示自己的专业性。

不过，还有比说话更重要的就是：你所呈现出来的外在形象。也就是说，想要让客户买单，你不只要具备专业知识，更要量身打造一副坚实的销售盔甲，亦即：你要别人付你多少钱，你就把自己打扮成值得别人付的钱的样子。

"自信"让你看起来就是一个专家

"为成功而穿着！"

客户第一眼看到你所获得的第一印象，也会影响以后的印象，此效应称之为"首因效应"或"首次效应"。

某次，有个记者访问美国一家保险公司的副总："您认为拜访客户之前，最重要的工作是什么？"

副总回答："我认为最重要的工作，就是照镜子""照镜子？"记者很诧异。

"是的！你面对镜子，与面对准客户的道理是相同的。在镜子里，你能够看到自己的表情与姿态；而从准客户的反应中，你也会发现自己的表情与姿态。我把它称为镜子原理。"

一个人的第一印象非常重要！一旦第一印象建立好，那就成功了一半。而第一印象就是要通过形象来建立，其中包括：穿着、举止、气质。

建立良好的第一印象，就能成功推销自己。乔·吉拉德就是因为懂得推销自己，所以才能在短时间内缔造世界销售纪录。

Part 2 百分百成交必胜心法

对客户来说，他买的不是汽车，而是乔·吉拉德这个人！乔·吉拉德表示，他每天出门前，一定会看着镜子对自己说："乔，我今天会买你吗？会！"然后亲吻镜中的自己。

所以，我每天出门前，都会照镜子且不断告诉自己："我是全世界最有魅力的人，所有人才都会被我吸引而来。"我一定会让自己拥有百倍能量，信心满满之后再出门，而每天晚上，我也的确收获满满地回家。

世界上最伟大的催眠大师马修史维认为，一个人能不能成功，都是通过催眠四步骤而成，分别是：

◎ 步骤1：想象自己是……
◎ 步骤2：假装自己是……
◎ 步骤3：当作自己是……
◎ 步骤4：我自己就是……

一个人若常觉得自己是一个不成功的人，长时间下来，一举手一投足就真的散发出不成功的人的样子。到了中年，懊恼地发现自己料中一切：我真的是个不成功的人！这是因为长时间的错误想象，所导致的悲伤结果。

所以，从今天起，想象自己是一个成功的企业家，并且假装自己就是亿万企业家，在举手投足间模仿亿万富翁的魅力与神情。当你长期用亿万富翁的思维来行事，久了就会成为拥有财富的人，也能吸引顶尖的人才向你靠拢。

成交，
就是这么简单

打扮成什么样子，在客户眼中就是什么样子

只不过，有自信还不够，另一件同样重要的事，就是你的外表与装扮。

班·费德文是美国保险界的传奇人物，被誉为世界上最有创意的销售员。但他刚刚进入保险界时，穿得非常不得体，业绩也不好，公司准备辞掉他。听到消息后，他非常着急，便向公司里的一位高级经理请教该如何力挽狂澜。

经理对他说："你的发型根本不像个专业销售员，衣服搭配也不协调，看上去十分土气。你一定要记住，要有好的业绩，首先要把自己打扮成一位优秀销售员的样子。"

然而费德文回答："你知道我根本没有钱打扮。"但经理只告诉他："请你搞清楚，那是在帮你赚钱。我建议你找一个专营男装的老板，他会告诉你如何打扮。成功的打扮不但容易赢得别人信任，赚钱也会容易许多。如果这么做可以让你省时省力又能赚到钱，你为什么不去试试看呢？"

听了他的建议，班·费德文马上借了一笔钱，先到一家高级美容院整理头发，然后又去经理推荐的男装店，请服装设计师帮他打扮一下。

设计师认真地教费德文打领带，又协助他挑西装，以及选择与之相配的衬衫、配件等。他每挑一样，设计师就清楚解说为什么要挑选这个颜色与式样，还送给费德文一本如何穿着打扮的书籍，书里清楚写着什么时候该买什么样的衣服、买哪种衣服最划算等所有与装扮相关的详细信息。

自从班·费德文的穿着焕然一新，外在打扮有了专业销

售人员的水平之后,销售时就变得更有自信,业绩也因此增加了两倍。

魔鬼藏在细节里

某房仲集团曾经做了一个调查后发现,客户非常重视房仲员的服装仪容。如果该房仲员奇装异服、头发染了五颜六色,客户从此退避三舍,并要求公司更换其他房仲员来服务。客户此举清楚说明一件事:这个房仲员的外表,已经失去了他的信任。

过去还有一家旅行社的老板,严格要求底下的业务员,嘴巴不得散发烟味,就连身上残留烟味也不行。为了彻底执行此项政策,他会随时抽检,三不五时就把业务员找来"闻一闻",如果该业务员违反规定达三次,就请他辞职离开。

因为该老板认为,对烟味非常敏感的客户,一定不喜欢业务员身上的烟味,而业务员面对客户时就代表公司。为免业务员身上的烟味影响顾客对公司的观感,才会有如此严格的要求。

虽然以外表来衡量一个人太过势利,但不可否认,现代人还是习惯"以貌取人"。因此,一个业务员的外在,不论穿着打扮或是身上的气味,的确会对顾客造成极大的影响。是故,你可以用一些古龙香水,但不要过量;然后记得要把头发梳理整齐,且不要让头皮屑影响你的形象。

至于名车、名笔、名表、袖扣、手提包、笔记型计算机等"周边配件",也是彰显自己身份与成就的表彰;还有,别忘了好好保养鞋子。鞋撑可以保持鞋形,避免鞋面变形,同时要让鞋子保持光泽,注意鞋后跟的磨损情况,不要鞋子穿破了还不自觉。你的服装仪容，每个细节都要留意，千万别让小地方坏了你的大事。

至于你想把自己塑造成什么样子，请先拿出一张白纸，写下自己希望在顾客面前，创造出什么样的形象。有句话说："你见一个人五分钟，他会记得你十年。"如果你希望顾客谈到你的时候说："这个人很忠厚老实""这个人值得信赖"，或是："这个人很有礼貌、这个人介绍的产品很棒""这个人的态度很好""这个人的穿着一流""这个人非常讨人喜欢"……

何不把你想要给顾客的形象设计出来，写在一张白纸上，然后问自己："我每天可以做哪些事情来符合这样的一个形象？"

接着每天看着它，把你想要传递给顾客的形象深印在脑海中，并且执行它。然后每天对着镜子，看看自己是否如实打造出你想要的形象。如此长久下来，顾客提到你的时候，就会朝你想要塑造的形象为你宣传，而良好的形象就会让顾客大量地为你转介绍，使潜在顾客主动上门。

15分钟成交 note

你希望客户看到一个怎么样的你？

客户眼中的我		我要怎么做？
【范例】	干净清新	今天开始戒烟
	专业有原则	出门前烫衬衫
	礼貌	一见面先问候他的近况

Part 2 百分百成交必胜心法

客户眼中的我		我要怎么做?

裕峰老师's show time

你身上的 95% 要靠你自己去打扮,美丑是靠包装出来的。连饼干都要包装了,难道你不用包装吗?唯有重视你自己,客户才会重视你。

Unit 05 善用"五感"销售

上单元提到的销售盔甲,只是一个整体形象。整体的美好由许多"细节"构成,干净怡人的外表只是这副盔甲的"基本配备"。在销售的过程中,如果你只是滔滔不绝地介绍产品,而不理会消费者的反应与感受,那么说得再多也是白搭。

因此,你所表露出来的"态度",将成为促进成交的"内在盔甲"。在销售的过程中,一定要配合"五感":眼睛、表情、声音、耳朵、肢体——充分展现你的眼神魅力、笑容魅力、语调魅力、倾听魅力、整体魅力。你诚恳有礼的眼神、适切端庄的微笑、自信的语调与用词、认真倾听与诚心赞美,以及从容的肢体动作,都是在销售自己,也是在说服别人。

顾客是否愿意付你钱,有如下页图中所述的八个关键。而首次见面的第一眼开始,到对你整体外在形象的评分,就已经占了八个关键中的六项,百分之七十五啊!接下来的关键才是你能否与他天南地北地聊天,并切入专业话题。如果前面的六个关键就被扣分扣得一塌糊涂,你再有内涵、口才再好,对方也已建立一道防线,听在耳里也是持保留态度。也就是说,绝对要善加利用"五感",在一开始就成功建立"整体外在形象",进而让客户对你的内涵、专业感兴趣。

Part 2　百分百成交必胜心法

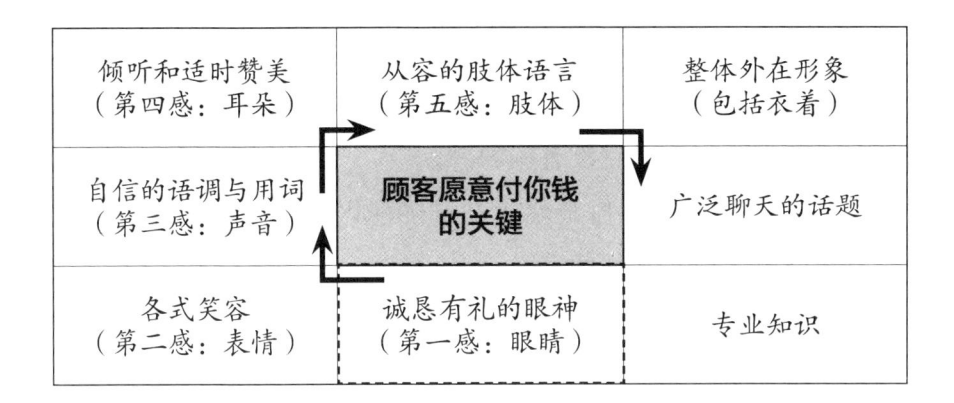

倾听和适时赞美 （第四感：耳朵）	从容的肢体语言 （第五感：肢体）	整体外在形象 （包括衣着）
自信的语调与用词 （第三感：声音）	顾客愿意付你钱 的关键	广泛聊天的话题
各式笑容 （第二感：表情）	诚恳有礼的眼神 （第一感：眼睛）	专业知识

📖 第一感：眼神（眼睛的发挥）

高手过招，看眼神就分胜负！眼神是可以后天培养出来的，成功者的眼神就是不一样，充满自信与魅力！不只如此，一个"高竿"的销售员，更懂得运用眼神与视线来掌握人心。

视线的最适焦点：注视区

《富比世》（Forbes）杂志报导指出，不敢与主管进行眼神接触的部属，通常会被视为不够真诚，因此升迁的机会大幅降低；如果"眼珠乱转"，也会被解读为"没诚意"或"企图掩盖事实"。这两种眼神，都会让对方感觉你"心术不正"，为人不够诚恳。

从心理学的角度来看，两个陌生人在视线相交的瞬间，双方都会下意识地把眼神撇开，这是很自然的现象。然而，如果你能掌握视线交会的诀窍，就会不但不让对方感觉被侵犯，还能让他感受到你对他的重视，那么你就成功了一半。

首次与客户见面沟通时，眼睛常会不知道看哪里好。这时，你可以"鼻头到上额"为直径，画一个圆，这个圆的范围，即是最佳"注视区"。建议再将头微微向前倾，荡开温柔地微笑，双手放松，手心自然朝上，然后眼睛凝视着对方的这个区域。如此"开诚布公、坦率且毫无隐藏"的样子，一定能让客户感觉轻松又舒服，安全且没有威胁感。

但是，如果你把目光聚焦在"随意区"与"敏感区"，则会有反效果出现，必须留意。

所谓"随意区"，就是以对方眼睛的两个瞳孔、下巴的中间点，所划出的一个假想三角形区域，又称之为"亲密三角"。如果你的目光聚焦在这些地方，对恋人而言，这样的注视会使对方沉浸在激动的假想当中，但是把这样的眼神放在客户身上，客户会认为你态度随意且不够正式。

而最要不得的是，把眼光放在"敏感区"，也就是对方脖颈或胸部等地方，尤其如果对方是女性，此举更会招致对方的误解。以上两种眼神，专业的销售人员都应该避免。

视线交会的最适时间：2秒钟

与客户目光接触很重要，但时间的把握也很重要。如果你总是紧盯着客户不放，对方也会感到不自然，产生被威胁的感觉。尤其当你脸部肌肉紧绷，更会让人误以为你对他有敌意。

然而，如果你只是很快地看他一眼就马上转移视线，对方也会感觉你不太有自信。所以，双方目光接触最佳的时间，不宜超过3秒，但也不能低于1秒，最好以2秒为佳。

随时观察客户视线停留在你脸上的时间

根据统计，两个人在谈话的过程中，一般视线交错的时间约占整个谈话时间的30%至60%。如果客户关注在你脸上的时间超过60%，表示他除了谈话内容以外，对你这个人也很感兴趣，该次成交的机会，必定大增。

相反的，如果谈话的过程中，客户的视线始终与你没有交流，甚至视线"瞥"到你脸上的时间低于30%，这就表示他对你的话题不感兴趣，或是正在隐瞒着你什么信息，不想让你知道。此时你必须适时转换话题，试图找出客户不感兴趣的原因，否则进一步向他销售时，只会造成反效果。

身为业务员一定要记得，当你在观察客户时，客户同时也在观察你，你的眼神会告诉客户，你有没有把他当作一回事，以及你正以什么样的态度在对待他。

每天，你都要对着镜子观察自己的眼睛，找出不同心态所表现出来的眼神，让自己的眼神在最恰当的时间、停留在最恰当的地方，充分运用眼睛，把个人魅力发挥到最大。

第二感：笑容（表情的发挥）

世界著名的连锁餐饮集团麦当劳，将"笑容"作为最有价值的商品之一。资产额数十亿美元的希尔顿"旅馆王国"一贯坚持的经营哲学就是："一流的设施，一流的微笑"。全球一流的饭店都有一个共识：他们相信"微笑"是客户源源不绝涌入的主因。

早在1930年全球经济大萧条的时代，全美旅馆有八成倒闭，希尔顿的旅馆也严重亏损，举债数十万美元。然而，希尔顿依旧向员工交待："无论遭遇怎样的困难，希尔顿的宗旨万万不能忘，所有服务员脸上的微笑永远属于顾客。"如此温馨不变的经营模式，让希尔顿旅馆在经济萧条一过，立即率先进入另一个经营高峰,稳坐饭店业界的霸主之位。

微笑是致胜法宝之一。世界上最伟大的销售大师乔·吉拉德曾说:"当你笑时,整个世界都在笑,一脸苦相不会有人想理你。"

试想,一个没有开朗笑容、整天一副苦闷表情的销售员,绝对会被客户打回票,毕竟一张苦脸只会让人感觉不快,成交的可能性也势必降低。相对地,业绩好的销售人员却总是主动、热情、挂着微笑和别人谈话。这是因为开朗的微笑可以让顾客心情愉悦,即使有点小忧郁也会瞬时忘却。在这种情况下,销售工作成功的机率便会大大地提高。

让顾客喜欢你,就能提高成交概率。日本销售之神原一平是个身高才145公分、外表极端不起眼的保险推销员,他曾因付不起房租,以公园长凳为家两个多月。虽然工作勤奋,努力推销,却连寺庙的和尚都不客气对他说:"听你说话,完全无法引起我的购买欲望。"他决心要改变自己!从此之后,他开始要求每个与他见面的客户都要说出他的缺点。结果每个人都毫不留情地批评他。然而,他却将客户对他的批评记录下来,细细思索如何改善。同时,他持续琢磨要如何成为让顾客喜爱的推销员。最后,他归纳出一个业务员应当具备的38种笑容,对着镜子反复练习。以下就是原一平日夜练习的38种笑容:

发自内心的开怀大笑	感动之余压低声音的笑	喜极而泣的笑
取悦对方的妩媚之笑	逗对方转怒为喜的笑	哀伤时无可奈何的笑
安慰对方的笑	难过却保持笑脸的虚伪的笑	岔开对方话题的笑
消除对方压力的笑	充满自信的笑	发愣之后的笑
表现优越感的笑	重修旧好的笑	两人意见一致时的笑

吃惊之余的笑	意外之后的笑	嗤之以鼻的笑
折磨对方的笑	挑战性的笑	大方的笑
含蓄的笑	夸张的笑	逼迫对方的笑
假装糊涂的笑	心照不宣的笑	含有下流味道的笑
微笑	满足时的笑	遭人拒绝时的苦笑
压抑辛酸的笑	无聊时的笑	话中带刺的笑
郁郁寡欢时的笑	热情的笑	冷淡的笑
自认倒霉的笑	使对方放心的笑	

香港喜剧之王周星驰在接受媒体采访时曾表示,在他还是没没无名、跑龙套的临时演员时,每天都会在家对着镜子练习喜怒哀乐等各种表情。虽然业务员不是演员,但同样也要练就一脸"好表情",达到别人一看到你的微笑,就想付钱给你的"境界"。记住!每天对着镜子练习眼神与笑容,是成为一个优秀业务员必做的功课。

第三感:语调、用词(声音的发挥)

同样一句话,用不同的语气说出来,会有不同的意思。例如,当你用恶狠狠的语气说出:"你要小心一点。"会让人感到你在威胁他;但如果用温柔且充满关心的语气说出同样的话,别人会觉得你是在关心他。两种情况完全相反,显然语气的力量非常强大。

声音的音调,则会清楚让对方感受到想要传达的心意。如果你想让对方一直注意你的谈话,千万不要拉高声音,反而应该降低声调,因为谨慎小心发出的低沉嗓音,能够使说出来的话听起来更为庄重、更加果断,并突出你想要传达的重点与关键字。因此,善用讲话的语气和音调非常重要。

适时使用"沉默绝技"

倘若处于紧张的情绪下,还一直说话,有时候反而会弄巧成拙。如同美国幽默作家马克·吐温曾说:"虽然沉默不语可能显得愚蠢,却好过因为张嘴说话而落人口实。"

其实,说话时停顿一下或暂时陷入沉默,是很有力量的"非言语行为",因为它代表"有信心"与"深思熟虑"。许多人害怕在说话时陷入沉默,于是拼命地没话找话。但如果你能够整理好思绪,再从容地说出想法,反倒会使你说的话更有分量。所以,适时沉默,也是一种"声音的表达"。

所以,谈判或成交前的关键时刻,何不试试故意停顿一下不说话?如果对方较为心浮气躁,也许会忍不住赶紧提出一个更好的条件,或是不自觉地把心里的话吐露出来。

反覆练习,避免无意义对白

然而,说话支支吾吾、犹豫不决,跟前面所说的故意停顿是不一样的。"嗯""啊"之类的口头禅以及清喉咙的动作,都代表缺乏信心,而且是在浪费对方时间,没有客户会欣赏这样的行为。

因此,讲话时一定要避免这些无意义的对白。如果有人问你一个无法实时回答的问题,最好的回答是:"这件事情还在处理中。"或诚实表示:"我会回去找答案,并且尽快回复您。"绝对不要支吾其词或勉强说一堆毫无意义的长篇大论,这只会让人认为你在唬弄他,替自己强辩硬拗,反倒留下负面的印象。

或许你会说,好口才并非你的强项。其实大多数人都是如此,但是口才是可以经由专注的练习而获得改善的。英国前首相丘吉尔以好口才而闻名，他说出的金玉良言常常被世人引用，但他并不是天生就拥有这项了不起的才能。他的每一篇演讲都经过反复的演练，他所说的每一句俏皮话，都是事先精心构思、下了极大的苦工的，等到正式上场时，就会令听众觉得他真是聪明过人。

你也可以做相同的事，这跟演员穿正式戏服彩排是一样的道理。台下 NG 一百次，才得以造就荧幕上的功夫高手。只有极少数的聪明人能够出口成章，以我个人来说，每次进行一场全新内容的演讲之前，我绝对会事先演练好几遍，且练习到所有的内容和姿势都变成本能般熟练。

你可以私下自己练习，也可以请朋友或家人作陪，并请他们提出真实的指正。你甚至应该录音，仔细聆听自己的表达方式、语调声音，是否忠实呈现了你想要达到的目标。以我的经验来看，通常我们以稍大的音量听完自己的演讲后，多半会考虑选用别的字句或改变演说时的抑扬顿挫，让演说更精彩。

不过请切记，每一场彩排与练习，你都要充满信心，这会提升你说话的分量，并使你的演讲更为流畅动人。

第四感：倾听、赞美（耳朵的发挥）

永远记住，推销最重要的关键是，建立跟顾客之间的信赖感。在销售过程中，你必须花至少一半的时间建立信赖感，而建立信赖感的第一步就是倾听。很多推销员认为 Top Sales（顶尖业务员）就是很会说话，其实真正的 Top Sales 很少是拼命讲话的，他们花更多时间仔细聆听。

不过，聆听对方说话的态度有三种程度之别。有些人虽然看起来在听，实际上心在九霄云外，对方虽在眼前说话，听的人却一点也没有接收到传达的内容，这是一种无心与对方继续沟通的状态，称为"无视对方存在的听"。

第二种则表面上假装在听对方说话，但是心里想的却是自己的事情，并没有专注在整体的讯息上，甚至只选择自己想听的来听，以致于谈话结束后，就会对对方所说的内容产生误解，或不记得某些谈话内容，这是"选择性的听"。

真正去了解对方话语里所要传达的确实内涵，让对方充分感受到自己被了解，因此愿意敞开心扉，更投入在双方的沟通当中，称为"同理心的听"。只有第三种，才是专业销售员该有的态度。

所谓同理心，是你想要真正了解别人，站在别人的度与立场看问题，想他所想的，感受他所感受的。因此交谈时，让对方体会到我们有真心在倾听的重要关键就是："要用对方的观点说话。"

同理心倾听不是一味用自己的观点去讲话，而是听懂对方的观点之后，站在对方的立场来发表意见。也就是说，一定要以同理心的角度去倾听，才会建立你的亲和力。我认为，要成为一个好的倾听者，有三个步骤。

步骤一：问出很好的问题

最顶尖的销售人员一开始都是不断地发问："你有哪些兴趣？"或是："当初你为什么购买你现在的车子？""你为什么从事目前的工作？"打开话匣子，让顾客开始讲话。

每一个人都需要被了解，需要被认同，而被认同最好的方式就是：有人很仔细地听他讲话。现代人很少愿意听别人讲话，大家都急于发表自己的意见。所以，如果你一开始就扮演好一个倾听者，你跟客户的信赖感就已经建立了。

步骤二：赞美、认同顾客

增加信赖感的第二步骤是赞美，让他感到被认同、被理解。比如一见面，看到他精心梳理的妆发，便说："你今天看起来不一样哞！"等到对方兴奋地说完造型过程、造型计划等等，再发出"真是美极了、帅呆了！"的感叹。又例如待他提出很有建设性的教育理念、健康资讯，你可以回复："我觉得你说得很好！""我赞同你的观点！我本身也有过……类似经验。"

不过千万切记，必须是出自真诚的赞美，不是敷衍。如果你有口无心，为了赞美而赞美，那么，你的表情会泄漏一切。

但是，并不是说要昧着良心去乱加称赞，总不能对方分明蓬头垢面你还硬扯她美丽大方，这样只会被归类为油嘴滑舌之人。我认为"赞美"是去放大对方优点、缩小对方缺点的宽阔心胸；"认同"则是异中求同，找出你们两人个性或观点中"共同性"的极大值。

上述这一切的前提，都要从"倾听"开始，没有经历这个过程，会让对方认为，你只是在不了解他的情况下，强硬客套说出赞美辞令。

步骤三：不让他感觉被否定

每个销售员一开始都懂得去认同顾客，然而难在持续给予认同。因为顾客有千百种，他的观点不见得是对的（也有可能是你的观点不对），所以一旦话题深入，彼此间的矛盾也一定会产生。简单来说，不是每个客户的个性都与你契合。但客户又不是结婚对象，不能拿出交男女朋友的洁癖去评价他。即使个性不合也能"成交"，才是真正厉害的业务员。

总之，要培养自己与任何人交朋友、跟任何人做生意的能力，就算不认同客户的想法，也不要试图与他争辩，因为被人否定的感觉很糟糕。而当你辩赢了，或许订单就失去了。

"倾听"并不容易，真正用心的听者，脑中其实是高速思考的。根本来说，倾听这个动作，除了考验耐心以外，更可以反映出一个人是否体贴、真心等人格特质。我认为倾听是一门艺术，是需要培养的。耐心解答父母或祖父母一辈三番四次询问的同样问题、聆听孩子诉说今天在学校发生的事件细节、与亲友理性和平地讨论政治或敏感议题，这些都是培养"倾听力"最好的训练。

第五感：亲和力（肢体的发挥）

前面的眼神、笑容、语调、倾听结合起来，就是能展现有亲和力的"肢体语言"。其中，适度模仿对方的谈话内容、使用的文字、声音和肢体语言，都能有效引起对方的共鸣。只不过，在模仿肢体语言的时候，注意要不着痕迹的模仿，不要太过刻意，以免让人感到不舒服。

以下六种契合法，可以让客户感受到你的亲和力。这六种契合法，是一种与对方沟通和建立亲和力的技术，让双方在特定状态、表达方式、感官等方面产生契合。当顾客对你产生信赖，喜欢或接受你这个人的时候，自然也容易接受和喜欢你的产品。

Part 2　百分百成交必胜心法

1. 情绪契合法

想象一下,现在你正在与顾客聊天,而顾客的情绪非常不安,他说话的语气有些紧张,此时你该怎么办?

许多业务员这时会刻意表现出很热情的态度,或者说一段开心的故事来化解对方的不安。但依据我的经验法则,如果对方心里有疑虑,最好的方法就是与客户同步。

对销售员来说,具备同理心就是要与顾客情绪同步,为此,销售员要能认识到顾客的情绪、感受及需要,或者聆听他们的需要,放开自己和他们对话,顾客才会因为你的同理心而愿意购买你的产品。

以情绪同步而言,具体作法就是:模仿对方的情绪及面部表情。

如果对方表情很严肃,你也就跟着严肃;如果对方表情很轻松快乐,你也就跟着轻松快乐;如果对方爽朗地笑,你也跟着他爽朗地笑,完全跟对方同步;如果对方的声音里透露着不安,那么你的声音也必须透露些许不安;如果客户的语气听起来有些愤怒,那么你也要表现出愤怒的情绪,不过只要简短说出今天令你生气的事情就好。如此对方就会莫名其妙地觉得,你很值得他亲近,你跟他很合得来。

在一些商场的职业礼仪训练当中,主管会告诉销售小姐面对顾客的时候要微笑,这几乎是人尽皆知的事情。然而,如果有个顾客因为亲人刚刚去世,垂着头、怀着悲痛的心情走了进来,而这时候销售小姐却以笑容迎面而来,对方作何感想呢?

作为一名销售员,与顾客情绪同步,根据顾客的表情作相应变化，才能在短时间内与顾客建立亲密关系，顺利地进行销售的下一个步骤。

我有一个王姓学员，在一家进口饮料公司担任副总。有次，他们公司进口了一种新品牌的饮料，在扩大市场过程中，发现有一个开了10家连锁店的潜在大客户，而他很想把这款新产品销售给这个顾客，于是就去拜访这位老板。

他前后去了好多次，每一次都不得其门而入。对方不是态度冷谈，就是敷衍了事。有一次，当他不知第几度去拜访这位顾客时，才刚走进对方的办公室，还来不及问候，对方就生气地拍桌子说："你怎么又来了，我不是告诉过你，我很忙，没有空吗？你怎么那么烦人，赶快走吧，我没时间理你。"

如果是你遇到了这种情况，会怎么办呢？你会不会觉得很没面子，转身就走呢？

当下，王副总虽然心里不舒服，却没有转身离去。他马上就想到了"情绪同步"的策略，于是他立刻用和顾客几乎一样的语气说："陈董，我来拜访了你好几次，每次你都给我脸色看，我究竟做错了什么要这样被你轻视？"

陈老板没料到对方这样回答，当场僵住，一句话也说不出来。王副总抓住空隙马上说："每次我看到你的情绪都不是很好，你是不是有什么烦闷心事？我们一起聊聊好吗？或许我能帮你也说不定。"

听他这么说，陈老板叹了口气，跌坐在椅子上，无力地说："王先生，我最近实在是烦死了，你知道我是从事连锁餐饮行业的，我好不容易花了很长时间，培训了三个分店经理，准备

Part 2　百分百成交必胜心法

开三家分店,一切准备就绪,没想到上个月那三个分店经理却让我的竞争对手给抢走了。"

王副总听了,拍拍他的臂膀说:"哎,陈董呀,你以为只有你才有这么烦心的人事问题吗?我也跟你一样呀,你看看,我们最近不是有新的产品要上市吗?前几个月我好不容易用各种方法招来十几个新的业务员,每天我早上加班,晚上也加班培训他们,想把我们的市场打开,结果才一个多月的时间,十几个新的业务员只剩五个,其他人都离职了……"

接下来的几分钟,他们互相抱怨,现在的员工多么难培养,人才多么难找等等,讲了十几分钟,最后,王副总站了起来,又拍拍那位陈董的臂膀说:"陈董,好了,既然我们俩对于人事的问题都很头痛,那我们也先别谈什么生意的事了,正好我车上带了一箱新的饮料,不管好喝不好喝,搬下来你先免费试一试,过两个星期,等我们两人都解决了人事问题后,我再来拜访你。"

陈董听了以后,就顺口就接着说:"好吧!那你就先把饮料搬下来吧!"

这位王副总最后成功推销给陈董了吗?当然是谈成了。但你有没有发现,在整个谈话的过程中,他从头到尾都没有推销他的产品是如何的好,只是站在客户的立场,花时间去理解这个老板的处境与心情,使自己的情绪与顾客的情绪同步,因此不知不觉拉近两人的距离,生意也自然而然地谈成了。

2. 语调语速契合法

这个契合法,其实也就是上述的第三感:语调(声音),只是这边我们要谈的着重在"契合"方面。前面提到,要能建立默契，你说话的速度及音调必须与对方一致。不过，这不是要你去模仿另一个人的说话方式，而是要配合对方的习惯，修正自己的说话方式。这是在专业的NLP（神经语言课程）中谈到的"模仿"。

每个人讲话的速度都不同，有快有慢，为了和顾客建立良好的亲和关系，销售员应尽量和顾客保持语调和语速上的同步。例如：顾客讲话的速度非常慢，那么你就不能讲话速度特别快，因为当顾客跟不上你的节奏时，他会觉得与你之间有堵看不见的高墙。如果你的顾客是个急性子，讲话又快声音又高，非常讲求效率，那么你就不能慢吞吞的，这样顾客会对你失去耐心。

总之，如果对方讲话速度很快，你也要很快；如果对方讲话速度非常慢，你也要变得非常慢；如果对话讲话语调很高，你也就很高；如果对方讲话声音很轻，你也要非常轻。

以我个人来说，我讲话的速度较快，所以遇到讲话速度和我同调的客户，我可以非常放松地用习惯的语速与他交谈，而且往往一拍即合，相谈甚欢。但只要遇到讲话比较慢的顾客，我就必须事先做好心理准备，在见面销售前，先听一些舒缓心情的音乐，或与步调从容的友人谈谈天，调整成另一套模式后，再去见这位顾客。因为一旦在步调较缓的顾客前过于急速，就会失去对方的信赖感。即使我已做好充足准备，在进行销售的当下，我仍会随时配合对方、调整自己讲话的速度，让对方感觉我与他的步调一致。

3. 呼吸方式频率契合法

模仿呼吸，能让双方的频率对上，就像慢跑当中能并肩同行一样,让对方感到亲切,甚至把你当作十几年的老朋友一样。当你发现顾客与你对谈时,心情平静而愉快,无疑这时候你们的呼吸频率几乎是同步的。因此,当你感觉到双方似乎不同一个调上,你可以注意对方肩膀的起伏,与他同时换气。

这类契合法其实类似于"语调语速契合法",也可以说是调整语调语速最好的方法。也就是说,当你无法调整自己的说话速度,或维持自己的语速稳定性,你可以先调节自己的呼吸。一旦呼吸与对方契合,语调、语速也就自然契合了。

每个人每天都要呼吸,所以练习的最好方式,就是置身人群中。例如你正在排队等候买电影票,身旁一定有正在聊天的人们,这时你就可以暗中观察他们说话时的呼吸与脉动,一次练习与其中一人呼吸同速。公众场所的人形形色色,可以找到多种顾客类型的模板。

4. 身体动作契合法

根据统计,在面对面的沟通中,文字的影响力只占7%,语气的影响力占38%,而整体散发的身体语言和影响力却高达55%。在传统的沟通训练课程中,大家都着重在学习文字的修饰方法,例如:如何用比喻、类比等方法提升语言表达能力。其实无论再怎么努力,文字本身的力量只有7%,努力了半天,却只换来事倍功半的效果。

而身体语言恰恰相反。身体语言是指利用自己的身体来进行沟通的一种方式,包括目光、表情、姿势、穿着、修饰、体态等非言语性的姿势信号,它在人际沟通中有着口头语言所无法替代的作用。很多时候,身体语言就足以表达所有的信息,语言反倒是多余的。

为什么我在这里要特别强调身体语言呢？

NLP认为身体语言的讯息，大多是由潜意识来接收的。语言表达的话语，多是由意识来获取的，而身体语言的表达，常常能不被对方的意识所阻挡，进而直达对方的潜意识里。

所以，身体语言的感染力要远远超过你的语言感染力。也可以说，身体传达出来的讯息，比语言传达出来的更为可信。因为它是一种无意识、深层次的讯息表达方式，身体语言代表着说话者的本意，不管说话者是否清楚意识到这个讯息。

很多销售员在沟通的时候，说的话是一种意思，但是他的身体语言却无意中表达了另外一种意思。虽然不是每个人都清楚了解身体语言，但肢体表达的错误意思一旦被顾客意识到，便会造成沟通上的误会，或使沟通无法起到应有的效果。所以，销售员一定要懂得运用身体语言，以充分发挥身体语言的魅力。

要使用自然而然的身体语言又不被他人误解，需要一定程度的历练，无法三两天速成。但销售员若担心手足失措，可以模仿顾客的一些动作，以减低自己无所适从的慌张感。比方说对方经常拨头发，你也可以做类似的动作；对方经常整整领带，你也可以拉拉衣服；对方经常推推眼镜，即使你不戴眼镜，你也可以摸摸鼻子。适时模仿眼前这个人的习惯动作，对方就会把你当做"自己人"。

或许有人认为这种模仿他人姿势、表情的方式有点愚蠢，而且似乎很做作又没有诚意，不是一种自然的表现。但近代爱瑞克森催眠学派创始人——爱瑞克森（Erickson）博士所做的各种

Part 2　百分百成交必胜心法

试验，证明了这种理论在沟通中非常有帮助，在现实生活中也证明这的确是一种有效的沟通模式。

如果你不相信这种方式的有效性，可以试着找一个陌生人进行自由交谈。你在交谈过程中，注意观察并不着痕迹地模仿对方一切行为，比如他的表情、姿势、呼吸频率等，很快你就会发现这个陌生人对你产生好感，他会十分乐意与你进行交流，而且非常愿意与你成为朋友。因为当你模仿了他的这些行为以后，你们虽然很陌生，但却仿佛存在着共同点，在茫茫人海中有着共同语言，这会让对方惊叹："难道是不可思议的缘分！"

其实，这只是"镜面映像"所起的作用，而且我们早就常在无意识的情况下，对身边的人进行种种模仿。一般所说的夫妻脸，还有孩子的行为跟父母非常相像等等，这些都是镜面映像所产生的作用。

但在应用"镜面映像"的过程时，也是有诀窍的，否则一个不小心会弄巧成拙。

记得有一次我去找一位三年不见的朋友，约她在牛排店碰面。由于刚刚学到"镜面映象"理论，想来实验看看，所以我开始模仿她，她抓头我马上抓头，她点柳橙汁我也点柳橙汁，她点牛排八分熟，我也点八分熟。就这样不断地模仿她，经过半小时后，我问她这几年没见，有没有觉得我哪里有改变？她说有，觉得我很像神经病，怎么一直模仿她。

后来我才领悟到，"契合"并不代表"同时"，如果对方一有动作你立刻模仿，只会让对方不舒服，应该要不着痕迹，先静静观察，隔个2～3分钟再模仿都不要紧，不可操之过急，否则可能就会有跟我一样的惨况。另外,千万别去模仿他人生理上的缺陷,以免让人觉得你在嘲讽他。

作为一名销售员,要恰到好处地模仿你的顾客,就必须具备敏锐的观察力及变化弹性。与此同时,这种镜面映像的能力,还需要进行大量的练习才行。

5. 语言用字契合法

虽然在与顾客面对面沟通过程中,文字的影响力低于语气的影响力,但还是有其重要性的。上段提到了"身体动作契合法",语言也可以这样使用,例如重复对方说过的话,或自然地使用他的口头禅也行。

每个人讲话时多少都带有一些口头禅,比如:"真是的!""太棒了!"有些人习惯以"嗯"作为发语词,这时候,你若将对方的习惯用字融入你的对话之中,就可以不自觉地拉进与双方距离。

心理学家罗杰斯曾提出一种理论——当重复对方的语言,抑或他人话中的重点,就能因为与对方"异口同声"而获得信赖。例如当对方说:"我感到很冷!"你可以说:"你感到很冷,是吗?"如果对方在抱怨孩子调皮时说:"我家的小鬼真是爱捣蛋……"你千万别说:"您的小孩……"而是顺着他的话说:"这小鬼真是的!"如果对方说:"这问题很棘手……"你可别说:"这事情挺难搞的。"虽然意思一样,但不是使用相同的语言,就无法达成"异口同声"的亲和力效果。

使用"异口同声"的好处在于,可以使对方知道你在专心听他讲话,通过"重复"也能确认对方所表达的想法,令双方产生"我们是同一国"的心情,如此自然有助于建立亲和力,也较容易获得对方的承诺。

6. 价值观及规则契合法

俗话说："物以类聚，人以群分。" NLP 对"吸引"的研究表明，人之所以群分，是因为具有相同或相似价值观的人容易相互吸引；反之，具有不同价值观的人容易发生冲突。研究还发现，人与人之间的冲突，85%来源于价值观的冲突。所以，如果你要真正地、全方位进入对方的频道，进入对方的心灵，你就必须先认同对方的价值观和规则。

每个人的价值观本来就有所不同，因此销售员在销售产品的过程中，一定要有同理心，尤其要了解顾客的价值观念，因为不同的顾客对同一种产品必定有着不同的价值追求。

比如说，一个追求艺术价值的顾客，他看重的是艺术品的"艺术价值"；但是对一个虚荣心很重的人，他可能看重的是拥有艺术品后较有"面子"。这两者没有对错，只有你能不能抓到他认同的价值观。

从模仿到引导，确认默契度

上述的"五感"训练，说了许多模仿的诀窍。但在销售过程中，除了与顾客同速，更重要的是下一步，也就是引导对方跟随你的动作。

如果你与客户面对面坐着，你们两人动作一样，此时你就可以趁此机会引导对方，而这也是主动销售的开始，显示客户现在是否能听进去的销售建议？如果你的客户顺从你的引导，就表示你已经在潜意识上成功建立亲和力，随时都可以开始销售。

首先，可以运用说话的语气、速度或是声音大小，引导对方。例如：你稍稍加快说话的速度，或是让说话的语气更热情，当你注意到客户开始顺从你的引导，声音也变得较为热切，甚至速度更快，音调更高，这时你就可以确定自己已经成功建立默契。当默契建立，你只要做出最简单的动作，对方也会做出跟你相同的动作，这代表客户已经顺从你的引导。

举例来说，如果你用右手抓抓头发，而客户也是；如果你伸手拿起水杯，然后客户也拿起自己的杯子，或是拿起一支笔或餐巾，就表示你已经成功引导对方，可以继续进行至下一个阶段的销售了。反之，如果客户没有跟随你的引导，就得重新开始建立默契。

总之，当你将五感销售、六种契合法运用得炉火纯青、再自然不过时，一定会拥有超强亲和力，让任何人看到你都喜欢你，而且非常乐意与你成交。

Part 2 百分百成交必胜心法

15 分钟成交 note

在日常生活中，寻找各种机会，训练自己的五感。请写上完成的日期。

	练习内容	完成日期
第一感	对着镜子确认"注视区"	
	练习2秒的视线交会	
	练习"认真倾听"的眼神	
	练习"同理心"的眼神	
	练习"有魅力"的眼神	
第二感	对自己微笑	
	对家人微笑	
	练习温暖地笑	
	练习开怀地笑	
	练习自信地笑	
第三感	练习温暖的语气	
	练习庄重、低沉的嗓音	
	练习沉默	
	练习说话不要有赘字	
	准备一份成交对白草稿	
第四感	准备对的问题与问候	
	认真倾听一个人说话	
	赞美一个人	
	肯定一个人的某项行为	
	倾听＋赞美一个人	
第五感	找一个人，模仿情绪同调	
	模仿一个人的语调	
	模仿呼吸同调	
	模仿他人动作	
	模仿用词与想法	

成交，就是这么简单

裕峰老师's show time

销售过程中，最要推销的产品是什么？答案是：你自己。所以，销售任何产品之前，先适当地运用"模仿"加上"引导"，建立亲和力与共识，让顾客接受你、喜欢你，这样一来，离成交就不远了。

Part 3

用对话术，扭转人生

见面，是一决胜负的战场，
30秒无敌开场、铺设神奇问句、
主导气氛脉流……
当双方沉浸在
一场愉悦的交谈中，
你，就成交了！

Unit 01　30秒无敌开场白

一张订单能否成交，影响的层面很多，但是一个优秀的业务员，却会聪明使用说话技巧，让整个销售过程"借力使力不费力"。接下来本书将讲述各种聪明话术，只要针对顾客的特性灵活运用，一定可以轻松让订单手到擒来，从此扭转人生。

根据研究，一个人的持续专注力只有30秒。你可以简单做个测试：环视你的房间，把注意力集中在一盏灯上，不到30秒，你的注意力就会转移到其他的东西上。如果这盏灯会跳动或者发出声音，也许能重新引起你的注意。但是在静止不动或没有任何变化的情况下，它就无法继续吸引你，无法让你的目光集中，这就是"30秒注意力原理"。

就是因为如此，几乎所有的广播或电视广告，其播放的长度都是30秒。同样的道理，一个人在听你说话时，他的注意力持续时间也只有30秒，这就表示，如果你想让你的顾客保持兴趣和专注力，那么每隔30秒。你的谈话内容就必须有所变化。

再强调一次：如果你想要在短时间内把自己推销出去，那么你引起对方注意力的时间，也只有短短的30秒！

因此，每一个优秀的业务员，都应该准备吸引对方的精彩开场白，只要你能成功在30秒内吸引他的注意力，那么在接下来的销售过程中，顾客会因为相信你的专业，而认真且非常渴望地想要听你介绍下去。好的开场白,绝对会让你在整个销售过程中事半功倍。

在销售过程中,有时不是顾客不想购买你的商品,而是你一开始就没有吸引他的目光,所以一个好的开场白非常重要。以下介绍七种30秒无敌开场白。

1. 终极利益法

此种开场白,就是一开口就清楚"破题",告诉顾客这项产品能带给他的利益及好处是什么。如果再搭配采用"问句",更能让顾客产生好奇心与期待感。例如:

◎ 陈先生,您应该有兴趣了解一种创造业绩的方法,它已经在全世界的成功人士身上被证明了,绝对能够帮助您在公司的业绩,在未来半年内提升50%。这么有效的方法,您想不想知道?

◎ 林先生,假如我有一种方法,可以帮助您的收入提高三倍以上,已经有许多人证言绝对迅速有效,您愿不愿意花十分钟来了解一下?

◎ 您对一种已经证实能够在六个月当中,增加销售业绩20%~30%的方法感兴趣吗?

根据我的经验,大部分的顾客听完以后,都会很有兴趣询问究竟是什么方法?当你勾起他们的兴趣后,自然很容易就能提高他们的注意力。

2. 道具开场法

有个销售安全玻璃的业务员，业绩一直都维持在北美区域的第一名。某次，在一个颁奖大会上，主持人问他业绩之所以能够持续维持顶尖，是不是有什么独特的方法？

这位玻璃业务员笑了笑，说："我总是以一句简单的问句作为开场，然后展示我的产品特色。就这样而已。"

主持人很好奇，问："听起来没什么特别，但你的业绩又奇迹似的好，到底是怎么做到的？"

业务员回答："每次我去拜访顾客，我的皮箱内一定放了许多15平方厘米的安全玻璃，并且随身携带一个锤子。我会问顾客：'您有没有看过一种破了但不会碎的玻璃？'顾客一般都回覆：'没有！'或'怎么可能？'这时，我就把玻璃展示在他们面前，拿出锤子用力一敲。看到这一幕顾客都当场吓一跳。但精彩的还在后面，当他们发现玻璃竟然没有碎裂，就会开始'天啊！天啊！'的狂叫，那个表情才精彩呢！等到他们的情绪整个被我带动之后，我马上顺势问："你想买多少？"

可想而知，当场成交的机率几乎达到百分之百，而且整个成交过程花费不到一分钟的时间。

在他分享这个经验之后，所有销售安全玻璃的业务员在出门拜访顾客时，也会随身携带安全玻璃样品及一个小锤子，但一段时间过后，这个业务员仍旧保持全公司业绩第一名的好成绩。

于是，在另一场颁奖大会上，主持人再次问他："现在别人同样在做跟你一样的事，可是为什么你的业绩，仍然可以维持第一呢？"他笑笑说："我的秘诀很简单，因为我又想到跟其他业务员不一样的方法，那就是每当我问顾客你相不相信安全玻璃，而顾客回答不相信时，我就把玻璃拿到他们面前，并且把锤子交给他们，让他们亲自来砸玻璃。"

所以，当你说破嘴还不能让顾客相信产品有多好时，不如善用道具，让道具帮你说话。而且切记：要不断改变做法。

3. 惊人事实开场法

想要迅速引起顾客的注意力，那么你一开口就要语出惊人，说出当下时势议题，以及最新统计数据，让顾客惊觉："天啊，真的有这么恐怖吗？如果再继续这样下去，搞不好下一个就是我了。"这种运用事实来佐证自己的论点，就是"惊人事实开场法"。例如：

◎ 你知道吗，根据统计，台湾的离婚率每年都在增长，如果继续这样下去，十五年后的离婚率，将会从现在的四分之一成长到二分之一，也就是每两对夫妻就有一对面临离婚的命运。你想知道维持夫妻关系的秘诀吗？

◎ 你知道吗，经过卫生福利部统计，台湾的十大死因当中，癌症已经连续28年高居榜首，国人得癌症的比例，从十几年前每4人有1人罹癌，变成每3人中有1人罹癌，美国的报告更显示每2人有1人得到癌症。所以，为了自己和家人的健康，你想不想知道一个很棒的方法，让自己与家人免于癌症的威胁？

4. 名人名句开场法

把有名望的人所说过的话用来开场,亦即俗称的"光环效应",也是一种引人注意的方法,毕竟名人说过的话具有相当大的力量,也能提高顾客的信服力。例如华人首富李嘉诚曾说:"世界上有三种钱非常奥妙,你投资得愈多,赚得愈多,这三种钱就是:一、投资自己的脑袋的钱;二、孝顺父母的钱;三、反馈社会的钱。"当你引用完这句话,你可以马上接着说:"所以我现在就要跟你分享一个信息,它可以教你如何让投资的钱愈滚愈大。"

5. 免费开场法

在购买物品时,人们最想听到的两个字就是"免费"。毕竟花钱会有一点心痛。对于免费的东西则容易眼睛一亮。因此拿"免费"当作开场白,绝对会收到意想不到的效果。例如:

◎ 如果读完这本书,发现对您没有很大的帮助,可以把书退还给我,等于让您"免费试阅",您觉得这样是不是很划算?

◎ 你想不想知道"免费"环游世界的方法,而且只要花你短短十分钟的时间?

◎ 我们即将举办的课程是"如何成为销售冠军",这个课程的原价是 18,800 元,但是现在有一个"免费"上课的方案,你想不想知道呢?

◎ 我想要跟你分享一个方法,不但可以让你"免费"使用产品,更可以赚大钱喔!

6. 悬疑开场法

明达是一家保险公司的资深业务员,在保险公司做了6年。有天明达去拜访一家公司的总经理,要向他销售退休金保险。

到达该公司后,门口的接待小姐抬头看着他,问他说:"先生,有何贵事?"

"我叫明达,想拜访贵公司总经理欧阳先生。"明达很客气地向对方表达来意。

"先生,你是做哪一行生意的?"她紧追不舍地问。

此时,明达很有技巧地说:"小姐,请您告诉欧阳先生,我是来推销钞票的。"

说完这句话,明达就保持沉默,让她了解自己不愿意再回答任何问题。

这位接待小姐看看明达,目光中流露出"又是一个神经病"的意思,但她还是进去向总经理报告:"有位明达先生要拜访您,他说他是来推销钞票的。"

一会儿,那位接待小姐出来了,并对明达说:"我们总经理请你进去。"

这个案例说明了,明达之所以顺利获得总经理的会面,就是因为他成功运用悬疑性话术,开启了总经理的好奇心。

7. 预先框示法

预先框示法的使用目的,是在你向顾客进行产品介绍之前,先解除掉顾客内心的某些抗拒,同时让顾客敞开心门来听你的产品介绍。

在一般销售过程中,顾客最先产生的抗拒,就是在你们初次见面的那个时刻。因为彼此不熟悉，而顾客在不知道你的来意之前，会先在心里筑起一道防线，告诉自己不想买任何东西，任何人都别想从他的口袋里把他的钞票掏出来。

也就是说，销售员和顾客见面的一刹那，其实就已经产生沟通障碍。

因此，在你第一次与顾客见面时，你可以使用预先框示法，也就是告诉他："某某先生（小姐），我这次来拜访您的目的，并不是想要卖您什么东西，只是让您了解，为什么有十万个顾客愿意购买我们的产品，而且回购率高达九成。同时让您了解，这些产品能够为您带来哪些利益和好处，我只需要花您十分钟左右的时间来解说，等我介绍完了以后，我相信您完全有能力来判断，哪些东西对您来说是适合的。"

以上这段话，透露了两个讯息：

第一，告诉你的顾客，已经有成千上万的人来购买你们的产品，而且对你们的产品非常满意。

第二，你并不会强迫他购买产品，你所做的只是提供他某些讯息，当你介绍完产品之后，他可以自己决定这些东西是不是对他有帮助。而且最重要的是，最终决定权在他的身上，而不是在于你。

这样的开场白，通常能让顾客比较不会有购买压力，愿意卸下心防、毫无成见地听你介绍产品与服务。而顾客只有在没有压力的情况下，才会以比较客观的方式来认识这项产品，他认同了，自然容易成交。我自己也常常使用这方式让顾客轻松聆听，最终欢喜成交。

Part 3　用对话术，扭转人生

上述七种"30 秒无敌开场白"，可以一次使用一种，但交错使用也无妨。重要的是，你要事先做好万全的准备，除了拟定完美的"开场稿"，也要预想顾客可能的回应，然后漂亮地应对他所提出的任何问题或意见。祝你运筹帷幄，漂亮出击！

15 分钟成交 note

1. 为你的产品，设计七种"符合你说话方式"的无敌开场白吧！

(1) 终极利益法：_____

_____

(2) 道具开场法：_____

_____

(3) 惊人事实开场法：_____

_____

(4) 名人名句开场法：_____

_____

(5) 免费开场法：_____

_____

(6) 悬疑开场法：_____

_____

(7) 预先框示法：_____

_____

2. 将你的这段开场白说给朋友听，询问他们这段开场白是否成

成交，就是这么简单

功引起他们的兴趣。

	成功（√）	失败（√）	改进方法
(1)终极利益法			
(2)道具开场法			
(3)惊人事实开场法			
(4)名人名句开场法			
(5)免费开场法			
(6)悬疑开场法			
(7)预先框示法			

裕峰老师's show time

如果你说完 30 秒的开场白，顾客却面无表情无动于衷，没有显露出任何好奇心或兴趣，这就表示你的开场白无效，这时就要赶快再设计另一个开场白，想办法引起顾客的兴趣，唯有掌握先机，才能掌握商机。

Part 3　用对话术，扭转人生

Unit 02　问对神奇问句

荣获世界金氏记录的广播与电视节目主持人赖瑞金，被誉为"最会问问题的人"。他访问过的人遍及政治、科学、艺术领域，这位主持人不见得什么都懂，却能以简单的问题，问出惊人的答案。

有一次他准备访问"氢弹之父"艾德华·泰勒。

进摄影棚前，艾德华问赖瑞金："你对物理学懂多少？"赖瑞金回答："一窍不通。"艾德华显然很吃惊："那你要如何访问我？"

赖瑞金却要他放轻松，一切看着办，如果过程不开心，随时可以走人没关系。

结果赖瑞金的第一个问题，就让艾德华眼睛发亮。他问："为什么学生这么怕物理？学校物理为什么要教得这么难？"

称霸电视界 25 年的名嘴赖瑞金为我们上了一课：问句不用难，但要"会问问题"，问得让对方"很想回答"。

除了会问别人，也要懂得如何问自己。问对别人问题，可以交到好友、可以顺利成交；问对自己问题，则能改变负面思维，转向成功人生。

成交，就是这么简单

📚 问什么问题，决定你的人生

"思考"是一场自己内心"问"与"答"的过程。问在前，答在后，要想改变自己的人生，必须正确向自己提问。

穷人总是问自己："我为什么付不起？"于是他的思维便执着在寻找"付不起"的原因，愈找愈觉得自卑、愈没有信心，结果愈来愈"付不起"。

富人却总是问自己："我要如何才付得起？"因此富人不断去寻找"付得起"的方法，渐渐地，他就愈来愈"付得起"了。

因此，改变提问的习惯，就能得到更有质量的答案。

想减肥的人，如果问："为什么我这么胖？"答案就会环绕在："因为我爸妈胖，这是遗传！""因为爱吃，胃口好！""我就是懒得运动，所以胖！"而后思路便会导向："好啦！我天生就长得胖。""我呼吸会胖，喝水也会胖。"想到这里，怎么可能还有信心减肥！

原因出在：你问了一个错误的问题。

如果问题改变一下："我怎么样才能像名模一样有性感线条呢？"这个问题会促使你去想办法使自己身材更苗条，唯有如此，才能得到对结果有效的答案。

如果你还进一步提问："我要怎么样才能够在三个月内变得更苗条？"你会去查找名模保持身材的方法，并运用这些方法。于是你开始像她们一样每餐少吃一点，或者晚上只吃水果蔬菜。

这就是问句的魔力。

Part 3 用对话术，扭转人生

📖 直指核心的逼问

世界上最高明的问句，能在瞬间改变一个人的一生。

我的老师安东尼·罗宾曾在一次演讲会上，请台下一位相当不显眼的女孩子上台。这位女性身高不到160公分，体重超过100公斤，皮肤黝黑，看起来非常没有自信。

安东尼·罗宾第一句话先问："你一定不是很快乐，对吧？"她回答："是的！"他又问："你是否有酗酒的习惯？"

女孩迟疑了一会儿，含泪说："是的！"才两个提问，已经问得女孩掉下了眼泪。

原来她一年多前被男友抛弃，于是一直折磨自己，通过拼命吃东西来转移痛苦，结果痛苦并没有解除，更因不断发胖而愈发没有自信，甚至产生自杀念头。

她表示："我想死已经很久了！"安东尼·罗宾问她："你一定要自杀吗？"她回答："是的！"安东尼："你曾经去过太平间吗？"

她回答："我没有去过。"安东尼："你虽然没去过太平间，但你一定可以想象停在太平间的死人是什么状况。"他接着一连串地发问："他们的尸体是不是冰凉的？"

"为什么是冰凉的？因为没有了生命是不是？"

"那么请问，这些没有生命的尸体还有痛苦吗？"女孩回答："没有。"

安东尼："死人才没有痛苦。所以你的人生有痛苦比较好？还是没痛苦比较好？"

女孩显然心中相当纠结，但还是勉强说出："好像还是有

痛苦比较好,因为这代表活着。"

安东尼:"那么你是要活还是要死?"女孩听完嚎啕大哭,接着哽咽地说:"我要好好活着,我要减肥,我要重新开始我的人生。"

就在大众面前的这样几个提问,帮助这个女孩改变了她一生的命运。这就是安东尼·罗宾的高明问句。

安东尼·罗宾的课程当中,最让人震撼的就是"走火大会"。每个学员都被要求赤着脚,走过摄氏600度以上的火红木炭。

我在2009年也曾经是站在烧红木炭前的一个学员,当时的心情,说不害怕是骗人的。

记得走火大会一开始,麦克风里响起安东尼·罗宾的提问:"你想在这次的过火经验中得到什么?"

我心中浮现:"我要突破自我,安全走过去。"安东尼·罗宾又问:"等一下你走过去整段过程中,最糟的状况是什么?"我想了想回答道:"我的脚可能会烫伤。"

安东尼仿佛猜到了大家的普遍心理:"除了脚烫伤以外,还有更糟的状况?"

这时我心中浮现恐惧:"如果我跌倒,可能会全身烫伤甚至毁容。"

安东尼:"除了毁容或全身烫伤以外,还有更糟的状况?"我认真一想:"好像没有了。"他又问:"走过去,对你而言最好的收获是什么?"

我毫不犹豫地对自己说:"如果我能安全走过,代表突破自我极限,我将获得一个战胜恐惧的体验。"

Part 3　用对话术，扭转人生

安东尼："还有更好的收获吗？"我坚定地说："我可以将这段不可思议的过程和别人分享，帮助别人克服恐惧，活出更精彩的人生。"

安东尼·罗宾说："等一下过火时，绝对不要专注在脚底，你一心要想的，是你的目标、是你要改变自己的决心，想象达成目标的那一刻，心情放轻松……"

突然间，我了解到了自己要的是什么：我要突破自我，创造新的生命体验。

仿佛看穿了我的心思——也许也是全场所有人的心思一般，安东尼·罗宾对着全场问："你要的是什么？"

我回答："我要更好的人生。"安东尼·罗宾的声音又在我耳边响起："对于你要的，有没有百分之百的决心？"安东尼·罗宾再问："有没有百分之百的承诺？"

我们大声回答："有！""好！那你已经准备好了，是行动的时候了！"

我前方是一位瘦小的女士，在安东尼·罗宾询问的过程中，她始终面色凝重，异常紧张。当老师喊"行动！"的时候，她还愣在原地，直到一旁的助教大喊："赶快行动！"她带着紧张与不安走过了炭火，边走边看自己的脚有没有被烫伤。后来我才知道，因为她把注意力放在了自己有可能被烫伤上，没有按照正确的方法走，她真的受伤了，被烫了好几个水泡。

轮到我过火时，看到前方女士犹豫不决的恐惧样子，我心里更加害怕了。但是安东尼·罗宾的声音不断在我心中响起：

"等一下你走过去整段过程中，最糟的状况是什么？""除了这个以外，还有更糟的状况？""走过去，对你而言最好的收获是什么？""你要的是什么？""对于你要的，有没有百分之百的决心？"

"有没有百分之百的承诺？"我要的是自我突破，我要相信自己，坚定的一念从胸中升起，我一鼓作气，想着目标达成那一刻的喜悦，于是我放松地一步步走过火床。

结果双脚真的感觉不到疼痛，走完这一段路，我抬起脚板，丝毫没有受伤。我做到了！

在安东尼·罗宾的课堂上，我学习到了"带给人信心与勇气"的问句。

如何有效发问？

如何使用有效的问句？首先，你要先了解问句的类型。

一般来说，问句有"封闭式问句"与"开放式问句"两种。前者多用在"自己心中已经有答案""只待确认"的情况下，故直接提供选项让对方选择；后者则用在"想要多了解对方""希望对方思考"的情况下，因此问完以后，需耐心倾听对方说明。

简单用个比喻："封闭式问句"就象是非题、选择题；"开放式问句"则是问答题、申论题。

当你想推荐一本书给同事时，一定会使用封闭式问句。例如："芳芳，我昨天在网络上买了一本书，很不错，想不想看一下？"或是你需要帮忙时会说："阿草，我需要你帮个忙，可以吗？"确定一些事实的时候，也适宜用封闭式提问："你确定昨天把这份传真发出去了？""那个客户只是不喜欢我们产品的外观吗?""考虑清楚哦!到底要不要增加人手?""你真的有信心完成下半年的销售目标吗?"

顺着封闭式提问,对方会以"好啊!""可以!""没问题!""我考虑一下!""可能没办法!"等明确性的答案回覆。

开放式问句通常使用"什么""如何""为什么""怎么样"等词语来发问,比起封闭式提问,让对方能有更广泛回答的空间。例如:"小王,看你今天愁眉苦脸的,发生了什么事?""小美,展示会准备得怎么样了?""如果我们跟他合作,有哪些好处?"等等。这样的提问通常不是一两句话可以回答完毕的,因此你一定是准备好要倾听对方,才使用如此问句。

类似的问题,因为目的不同,会采用不同的方法询问:

状况	问法	问句	目的
工作进度延迟	封闭式	那个案子是不是无法准时完成?	确认完成时间
	开放式	那个案子无法准时完成的理由是什么呢?	希望对方检讨
对产品的意见	封闭式	你觉得这个产品好吗?	确认对方喜好
	开放式	这产品有哪些地方对你而言很好?	让对方思考意义
改变人生	封闭式	你想要让人生更好吗?	确认对方需求
	开放式	你想要如何改变你的人生呢?	让对方思考方法
迟到	封闭式	你知道自己迟到了吗?	质问对方错误
	开放式	你若要准时到公司需要几点起床、怎么搭车呢?	引导对方改进

有些时候,使用"封闭式问句"会让人觉得压迫,尤其是当对方犯错时(如上表的"迟到"状况)。因为以结论为导向的封闭式问句,剥夺了对方的表达机会,难免让人产生被审问

的感觉。但仅仅使用"开放式问句",可能会沦为漫谈而无法切中要害。把封闭式提问和开放式提问结合起来、交错使用,才是交流沟通的最佳选择。

绝对不要发问的 20 个问句

问对问题可以增加自信,问错问题则会摧毁自己。身为一个销售员,以下会阻碍你成功的"20 大糟糕问句",绝对不能说出口。

为什么我那么不快乐?	为什么我还没成功?
为什么我的客户都没有钱?	为什么大家都不喜欢我?
为什么都没有人跟我合作?	为什么别人都不重视我?
为什么我这么倒霉?	为什么我比别人认真却没有成就?
为什么我老是失败?	为什么邀约客户都不来?
为什么我那么穷?	为什么别人业绩比我好?
为什么我那么笨?	为什么我那么孤单?
为什么我的外表不尽如人意?	为什么运气那么差?
为什么我什么都不如人?	为什么我的客户对产品没有兴趣?
为什么我每个月都没达到业绩?	为什么我的成交技巧那么差?

一个烂问句可以摧毁一个人;一个好问句则可以挽救一个人。某次,我因为熬夜,脸色不是太好。到公司后,先是门口警卫问:"你脸色怎么这么差?"我还不以为意。上楼后,柜台小姐又问:"你脸色好差,生病了吗?"我开始觉得好像有点不自在。接着大家都听说我面色苍白,一一来询问我:"你的身体是不是不舒服?""你脸红红的,好像发烧了。""要不要回家休息?"本来我并未觉得有任何不适,被大家这么一说,突然间头晕目眩起来。

其实我既没有生病,也没有发烧,但这些负面问句好像激发了我的病毒，让我感到不舒服，真是可怕的问句力量！

但我也听一位女士说过，她曾经一连收到七八个正面的问句："你今天气色真好，有什么开心的事吗？""你看起来很漂亮！最近发生什么好事？""你的皮肤看起来很有光泽，最近用什么品牌的保养品？""你的气质愈来愈好了！最近读了什么书？""你看起来很幸福的样子，有新恋情吗？"这些问句让她整天精神抖擞，连看镜子都仿佛觉得：自己真的变漂亮了。

这也是问句的力量，不过，是正面加分的力量。

修改首要问句

既然好的问句能带来信心、带来勇气、带来正面能量，我们一定要从每天一开始，就给予周遭的人"好的问句"。如此一来，大家也会习惯以"好的问句"来回应你。

世界第一的潜能开发大师安东尼·罗宾曾说："'首要问句'导致了所有事情发展的结果。想改变过去，就要修改'首要问句'。"但问问题，也是有技巧的。安东尼·罗宾提供的秘诀就是：少用"Why（为什么）"，多用"How（如何）"，如果要用"Why"，请务必记住，要"把答案放在问句里"。将想要的结果直接放在问题里，句子的结构和思考方向就变成了："我想要这样的结果，那么我应该怎么做？"

结合"改变首要问句""把答案放在问句里"两点，简单地说，你在与人交谈的第一句话，就要问对问题。而所有负面的句子，都可以调整为正面问法，例如下表。

原来句子	改变问句
为什么我的人生无法改变？	我要如何像魔术般改变一生？我该怎么做？
我什么时候才会月入百万？	我要怎么做可以在五年内月入百万？
为什么她不喜欢我？	要如何让身材火辣的美女疯狂地爱上我？
为什么我很穷？	我要如何学到赚钱方法？
为什么大家都不喜欢我？	如果我是万人迷，我会怎么穿、如何坐、如何笑？
为什么我每个月都没达到业绩？	我要怎么做可以在这个月成为全台湾业绩NO.1？

问答案是"yes"的问题

金克拉在某年受邀到格林贝尔市演讲，他提前三周写信给当地一家旅馆预定客房，并收到了确认回复。因此他安心地出发，出发前也没有再次致电确认。可是就在踏入旅馆大厅的瞬间，他觉察到情况不妙。偌大的跑马灯闪烁着："敬致旅客，9月12日至16日适逢格林贝尔市'纺织品周'系列活动，房间已全数客满，未在一年前预订房间的房客，敬请见谅。"

金克拉走近服务台，说明自己已在三周前订房。

服务小姐礼貌地说："先生，不好意思，我们已在大厅公告，一年前就预定的旅客才有房间。"

"但我三周前有写信过来，还打过电话，请查一下记录。"金克拉也客气地回复。

服务生快速查了一下订房记录，然后露出无可奈何的表情："金克拉先生，您订的是9月11日的房间，也就是昨天的房间，

Part 3　用对话术，扭转人生

我不得不说……。"

即使明白是自己的疏忽，金克拉还是立即打断了她："请等一下，能否先回答我两个问题？"金克拉快速地抢时间发言。"好的，先生请说。"服务生耐心地回复。

"第一个问题，你是否认为自己是个真正诚实、说到做到的人？"

"嗯，身为旅馆服务人员，那是自然的！"

"第二个问题，如果现在美国总统从门外走进来，站在你的正前方说'请给我一间房'，请问你是不是会为他准备一个房间呢？"

"嘿！金克拉先生，如果美国总统来到这里，当然，我会立即为他准备一个房间。"

"那就对了！你我都是真正诚实的人，也都讲真话。你明白我的意思，今天总统并没有来，所以，请你让我使用他的房间吧！"

那天晚上，金克拉如愿住进了旅馆。

金克拉所使用的策略，就是提出两个让对方回答"yes（是）"的问题，然后再使用他的机智与幽默，让服务生接受他的要求。

并非每个人都如金克拉一般机智聪慧，但依照心理学家的统计，如果你能够持续问对方六个问题而让对方连续回答六个"yes"，那么当第七个问题或要求被提出，对方也会很自然地回答"yes"。这就是"7＋1问法"。

连续13年蝉联世界首富的比尔. 盖兹，也是一个问问题高手，他问问题的模式就是典型的"7＋1"问法。

比尔·盖兹想把产品打进银行业时，曾这样说服一家金融机构的董事长：

"您相信有一天大多数的家庭都会拥有计算机吗？"

"您相信有朝一日家庭计算机会像电话或电视一样普及吗？"

"您相信将来人们每天都要在他们的大多数工作中使用计算机吗？"

"您相信有一天大部分的企业与家庭都会与全球网络建立连线吗？"

"您相信电子邮件会像今天电话和手写邮件那样，成为人们在商业和家庭中一种普通的通信方式吗？"

他一连问了七个以上的问题（在此不详列），每一个问题都是今天我们看来理所当然的事实，但对当时而言简直天方夜谭。不过就在比尔·盖兹以确信的语气，连珠炮式的逼问下，金融机构的董事长最后决定使用他的计算机系统。

一流的销售员，都应该具备如同比尔·盖兹"7＋1"的询问实力。但要注意的是，在询问答案为"yes"的问题时，切记要先问"大范围的普遍性问题"，再问"小范围的个人购买问题"，因为人们对于普遍性的价值，往往能立即回答"Yes"。例如：

"先生／小姐，我在你们的社区附近做一些有关教育的研究，请问我可以问一下您对教育的看法吗？"

"可以。"

"请问您相信教育和知识是一件有价值的事情吗？"

"相信。"

"如果我们放一套百科全书在您家里，而且是免费的，只

Part 3 用对话术，扭转人生

是用来做展示，请问您能接受吗？"

"可以。"

"请问我可以进来向您展示一下这套百科全书吗？我不是想把这套书卖给您，只是希望放在您的家里，当您的朋友来到您家里看到这套百科全书时，如果他们有兴趣，您只要告诉他们我的电话，他们就可以和我连络。这样可以吗？"

"好的！"

从今天开始，要习惯一开始就让顾客点头，当顾客习惯对你的问题点头，最后就会自然而然地接受你的产品或服务。

二择一问法

你可能遇过以下状况：即将到来的周末，你与三个朋友约在餐厅吃饭，你们开了一个line的群组，讨论集合的时间地点。大家为表示客气与随和，都这样回复："我都可以，配合大家。"然而当你提问，大家又是七嘴八舌地回复，却得不到一个结论。

"约在永康街附近好吗？""那边假日都要先订位耶！可能订不到唷！""约在那里要吃什么啊？""那里不好停车啦！""约早上十一点好吗？"

"我周末都睡很晚，早餐中餐一起吃的！""我比较想吃下午茶。""约早上不错啊！可以吃早午餐。"

结果，到了即将见面的前一天，你们还是处于令人气恼、什么都不确定的状态。

其实只要换个问法，也许可以快一点得到结论："我们约早上还是下午？""要吃意大利面还是合菜？"

当你使用"开放式问句时"，因为答案非常多元，加上人多嘴杂，最后会变成没有共通性的答案。但你不要以为只面对一个人时，事情就单纯好解决。没那么简单！在一个人的心中，也随时上演着三心两意的小剧场："今天、明天还是下周去？""买这个还是那个？还是不买的好？""找谁陪我呢？小花、小草还是小青？"

总之，在必要时刻，使用"封闭式问句"中的"二择一"问法，才能快速获得结论。

销售也是如此，进行到成交的关键时刻，推销员就要拿出魄力，直接问出让顾客二选一的问题。不是 A 就是 B，没有第三种回答。例如："我明天去拜访您，您上午有空还是下午有空？""您想购买 A 款还是 B 款？""您喜欢粉红色还是蓝色？"

如此一来，无论顾客选择哪一种，都是对推销员有利的结果。但如果这样问："我明天去拜访您，您何时有空？"客户可能会回答"都没空。"你问："您想购买哪一种款式？"客户可能回答："我再考虑一下。"你问："您喜欢哪一种颜色？"客户可能回答："这里没有我喜欢的。"

二择一问法厉害的效用在，将顾客的注意力从"考虑该不该购买"上，转移到"买这个还是买那个"的抉择上。

世界第一的汽车销售冠军乔·吉拉德也都是这样推销汽车。某次一位男士在绿色、蓝色两辆汽车之间犹豫不决。

"到底选择哪一辆呢？""还是等明天再做决定吧！"他心里这样想着。

一旁的乔·吉拉德看到顾客迟迟无法下决定，于是问道："先生，您喜欢绿色呢？还是喜欢蓝色？"顾客回答："嗯，我比较喜欢蓝色。"

乔·吉拉德马上说："那好，我们是今天把车给您送去呢？还是明天？"

"那就明天送来吧！"就这样，乔·吉拉德又卖出一辆汽车。

总之，当顾客难以作出明确的选择时，推销员适时地提出二选一答案，能帮助顾客尽快得出结论。

提问前要准备的事情

在销售的当下，你必须了解自己产品最重要的特色，以及它可以带给顾客什么好处。

有个菜鸟业务刚进入计算机销售这一行，有天他的主管问他："你卖的产品是什么？"

他说："我卖计算机。"主管又问他一次："你到底卖什么？"

他还是回答："我卖的是计算机。"接着主管再问他："这个计算机有什么功能？能给客户带来什么好处？"

这时菜鸟业务才想起自己准备了很久的话术："这个计算机不得了，假如公司用这个计算机，效率会提升25%，成本可以降低25%，人力成本可以减少将近10%。也就是说，公司的营业额至少会增加25%以上，公司的成本至少降低20%以上，对公司来讲，一年可以增加营业额达40%~45%。"

于是主管说："这才是你卖的产品，而不是计算机。"

也就是说，你要先知道你的产品能够给顾客带来什么好处，接下来你才会知道要问出什么问题，才能知道自己的产品是否满足顾客的需求。

以我自己来说，如果我在销售培训课程时，直接告诉顾客培训的内容和价格，通常顾客都兴趣缺缺，完全不感兴趣。但如果我告诉他，你对课程不一定感兴趣，可是你对提升公司的业绩和如何使公司快速发展一定会感兴趣，那么顾客通常都会听我继续讲下去。

找出顾客心目中的"樱桃树"

森林里，一位年迈的樵夫正在砍树，挥动斧头的空档，好像听见了什么声音。

"爷爷！""谁？谁在叫我？"

"我是一个公主，因为中了魔法，变成了青蛙！""喔！原来是你这只小青蛙在叫我！"樵夫在树边蹲了下来，拾起青蛙，放入挂在树上衣服口袋里，接着又继续砍树。"先把你放在这里，以免被倒下的树压着了。"

"樵夫爷爷，如果亲我的嘴巴，我就可以恢复成美丽的公主唷！"樵夫不动声色继续砍树。

"如果我变成人，可以和爷爷住在一起，早晚服侍你唷！"樵夫依旧无动于衷。

"为什么不相信我的话？我真的是美丽的公主啊！"

"我相信呀！"

"那你为什么不让我恢复人形，只把我放进口袋里面呢？"樵夫停下手中斧头，叹了一口气说："因为我不需要美女。等你到我这个年纪就知道了！和青蛙聊天，还更有趣呢！"这个有趣的故事告诉我们什么？

Part 3　用对话术，扭转人生

不了解对方需求的交易，是无法达成目的的。青蛙揣测樵夫需要美女，所以想用"美女的陪伴"交换"樵夫一个吻"，让她变回人形。不料樵夫觉得边砍柴边和动物聊天这件事情反倒更有趣，在这样的情况下，青蛙用"美女"来诱惑樵夫，这笔交易注定要失败的。

销售也是一样，每个顾客心中都有一个决定购买的"关键点"。也许你产品的特色有十一项，但只有一项对他来讲是重要的，因此，无法强调那个最重要的关键，这个产品的其他部分再怎么神通广大也没用。

某位房仲业务带一对老夫妇去看房子，进门以后，走到房间，老夫妇看到房间的地板破旧且凹凸不平，眉头一皱；但是当他们走到阳台看到院子里有一棵茂盛的樱桃树时，表情立刻变得很愉悦。此时，老妇人对房仲业务说："你这房子太破旧了，你看地板都坏了。"销售人员早就把他们对樱桃树的喜爱映入眼底，于是立刻回答："您放心，地板我一定帮你们换成新的，不过最重要的是，院子里有一棵樱桃树，你们不觉得光是这棵树就值得买下这房子吗？"说着，还把老夫妻的目光引到屋外的樱桃树。老夫妻一看到樱桃树，什么抱怨都忘了，于是最后顺利成交。

根据上述樱桃树的故事，可知顾客在购买行为产生之前，其实都存在着"想要获得哪方面的满足？""希望成为怎样的人？""希望拥有什么东西？"等心理特征。而这些心理特征背后，隐藏着他们不为人知的需求，而成功的销售员必须发掘出顾客的隐藏需求。

心理特征	隐藏需求
想要获得	时间、鉴赏力、安全感、赞赏、舒适、美丽、成就感、自信心、成长与进步、荣耀……
希望成为	受欢迎的、被信赖的、易亲近的、好客的、现代的、有创意的、拥有财产的、对他人有影响力的、有效率的、被认同的人……
希望拥有	健康、长寿、金钱、个人空间、别人有的东西、别人没有的东西、比别人更好的东西……

当顾客不愿意买单，一定是因为存在着也颇为重要的"抗拒点"，像上述例子里面的破旧地板，就可能成为拒绝购买的"抗拒点"。但业务员绝不能灰心，因为只要这栋房子同时存在客户愿意成交的"关键点"——也就是那棵樱桃树，那么在关键点使用"神奇问句"后，便能将抗拒点轻轻带过，掳获客户的心。

要如何探索出顾客最关心的利益点，以及他们最排斥的抗拒点呢？你可以使用"WHOLE 法则"和"NEEDS 法则"。

寻找关键点：WHOLE 法则

综合上述消费心理特征背后的隐藏需求，可将客户感兴趣的内容分为五点："财富""健康""事业""休闲""尊荣"。

获得财富（Wealth）、赢得健康（Health）、事业（Occupation）提升、拥有休闲（Leisure）、获得尊荣（Esteem）五点中，至少达成一点，成交才有机会实现。像上述的例子中，樱桃树的存在就是在"休闲"这一点上，得到老夫妇的青睐。聪明的房仲业务员抓住这一个关键，于是让老夫妇忽略了其他缺点而顺利成交。

你的产品可以如何帮助客户增加财富？

你的产品可以如何帮助客户乃至其一家人赢得健康？

你的产品对客户的事业有什么帮助？

你的产品可以如何提升客户的休闲质量？

你的产品能怎样帮助客户赢得成就感、自信？

与顾客的沟通当中，让对方多聊聊他自己，进而了解他最关心、最想要的东西，就能抓住最后的成交关键。

拔除抗拒点：NEEDS 法则

找出顾客成交的关键点后，接着要拔除他可能抗拒不买的因素。顾客购买产品的核心原因有五个：Necessary（必须）、Enjoy（喜欢）、Experience（经验）、Desire（欲望）、Solution（解决）。

也就是该产品至少要符合"我需要这项东西""我喜欢这个产品""过去使用这产品的经验很好""这产品勾起我的购买欲""这产品可以解决我目前面临的问题"其中一项。如果他觉得不需要、不喜欢、过去经验不佳、无法引起他的欲望、无法解决问题，那么他就不会买单。

因此，顾客的抗拒点一定存在 Necessary（必须）、Enjoy（喜欢）、Experience（经验）、Desire（欲望）、Solution（解决）五点之中。

销售员要能随时提出解决方案。比方说：客户说"不需要"这个产品，销售员要马上探求他需要的产品。客户说"不喜欢"待售屋破旧的地板，销售员要能马上拿出维修地板的计划，甚至连维修师傅都预定好了。客户说以前使用该产品"经验不佳"，销售员可以允诺他试用新产品，提供免费优惠。客户说"不是很想要"，销售员必须深入试探他真正想要什么。客户说这产品"无法解决"我的困扰，那么销售员要进一步探求方法解决其困扰。

总之，善用 WHOLE 法则、NEEDS 法则进行分析，更近一步接近顾客的心，理解他的需求，便能在成交关键之时，问出神奇问句。

WHOLE		NEEDS	
Wealth	财富	Necessary	必须
Health	健康	Enjoy	喜欢
Occupation	事业	Experience	经验
Leisure	休闲	Desire	欲望
Esteem	尊重	Solution	解决

Part 3　用对话术，扭转人生

15 分钟成交 note

1. 如果要推销你的产品，你要如何问出"7＋1"神奇问句？你的设定，必须每句都要让顾客回答"yes"！

第一句	
第二句	
第三句	
第四句	
第五句	
第六句	
第七句	
第八句	

2. 将下列句子修改为能改变人生的"神奇问句"。

原来句子	修改问句
为什么我那么不快乐？	
为什么我老是失败？	
为什么我那么穷？	
为什么我的外表不尽如人意？	
为什么邀约客户都不来？	

成交，就是这么简单

裕峰老师's show time

三流的销售人员贩卖产品（成分），一流的销售人员卖结果（好处）；所以，一流的销售人员不会把焦点放在自己能获得多少好处上，而是顾客所能获得的好处上，当顾客通过我们的产品或服务获得确实的利益时，顾客就会把钱放到我们的口袋里，而且，还会反过来跟你说谢谢。

Part 3　用对话术，扭转人生

Unit 03　七句话成交术

　　为了促进成交，在销售过程中，一定要完成两个动作，第一是让顾客感觉"开心"，这是感性层面；第二是让顾客觉得"有价值"，这属于理性层面。先让顾客感觉"开心"，以达到破冰、消除对抗的目的；接着让顾客感觉"值得"，觉得你讲的、推荐的有道理，这就是"感性→理性→感性……"的成交思考循环！

　　将此成交循环一一展开，可以分析出顾客在面对销售员时的七个阶段的心情。一开始，客户会先武装自己，他们的心声莫过于："我为什么要听你讲？"如果销售员初步吸引他了，那么接下来他会想要知道："这是什么产品？"于是销售员要以最重点式的说明，告诉他这是什么东西、质量如何、属于什么等级。但顾客一定会质问："买这个我有什么好处？"当你的解说稍微打动他时，他的感性又让他犹豫："你说的是真的？"于是你拿出客观的事实证据，证明所言属实，这时他的理性会下意识反抗："买这个产品值得吗？"你分析了关键、进行比价，他又会问："为何要跟你买？"即使你提出独家产品优势，他也会犹疑不决："为何一定要现在立刻买？"

　　总之，顾客本身心情，是"感性、理性、感性……"不断转换，那么销售员便要以"理性、感性、理性……"的交替来回应。

如果展开成为表格，大致如下：

顾客			销售员
我为什么要听你讲？	理性	感性	展现个人亲和力、魅力
这是什么产品？	感性	理性	清楚说明产品特质、等级
买这个我有什么好处？	理性	感性	以现实的需要打动他
你说的是真的？	感性	理性	提出证据
买这个产品值得吗？	理性	感性	分析质量，进行比价
为什么要跟你买？	感性	理性	提出独家优势
为什么要现在立刻买？	理性	感性	限时优惠，不买可惜

如何在客户的七句话内轻松成交，重点就是你要掌握他的理性与感性交替。即便业务员自己，也必须不断转换感性与理性的情绪。以下进行客户"七阶段心情"的详细解说，若掌握得宜，必可在七句话内成交。

1. 你是谁？我为什么要听你讲？

首次见面时，因为双方尚未建立信赖，顾客心中难免有所疑虑。最在意的恐怕是："你到底是什么人物？值得我坐在这里听你诉说？"这时不必急着展现自我，而是要表现得愈从容愈好。因为要能抓住顾客心中真正的需求，销售员要先建立亲和力与信赖感，以"成功销售自己"为首要目标，让自己在顾客的心中建立良好的印象。诚实、可信、幽默风趣等等，都是良好的形象。

例如以"先生／小姐，路上辛苦了，先坐下喝杯饮料吧！"为开场，接着围绕着你的产品，展开销售议题。但绝不要直接谈及买卖，而是旁敲侧击地问："请问在选择房子上，您最关心的是什么方面呢？"

2. 你要跟我介绍什么？这是什么产品？

初步取得顾客好感后，即使原先有敌意，态度也会软化，此时双方进入一个比较感性的氛围。但顾客接下来提出的问题,销售员却必须以"理性"回答。以购屋为例,你先前已经了解他关心住屋的哪些要素,于是你便针对他关注的点,进行明确而清楚的说明。有些人注重房屋周围环境,有人注重邻居素质,有人想的只是交通方便一事。

你首先要提供他最关心的部分的介绍,例如他关心的是邻居,你可以说出非常肯定、确信的结论:"先生/小姐,我已经初步了解过了,这一带住的大都是公务员与大学教授。"接着再详细说明你曾遇到哪位亲切的邻居。过程中,让他感觉你是在关心他的居住质量,而不是在卖他东西。

3. 买这个对我有什么好处?我现阶段不需要!

回应你的理性,对方也会端出理性的菜。或许他会这么回应:"的确!它很不错!但我不认为现在需要。"

顾客不见得能看出现阶段是否需要,销售员通常可以看得更广、更远。但你也不能说他短视近利,而是要感性地引导他思考他的需求。例如:"您目前住的地方是租的吗?""租金大约占您收入的百分之多少?"然后把顾客的需求和你能提供的产品服务联系起来,告诉他,你能为他带来什么价值、帮他解决什么问题。重要的是,让顾客觉得你理解了他的需求。

当顾客稍稍意识到这项产品对于他的事业有帮助时,你就可以再温暖地补上一句:"先生/小姐,如果您选择了这间屋子,等于是拿每个月的租金付房贷,但不同的是,20年后房子是你的。"这是用影响顾客本身的利益来打动他,而不是天花乱坠的推销。

4. 你说的是真的？我可以相信你吗？

销售员如此为客户着想的心，会让他难以拒绝，陷入为难的境地。仿佛是想要再确认一次，因此问道："你说的是真的？""我可以相信你吗？"或许他心中也有另一个声音："我为何要相信你？"这时候，绝对不能迟疑，你要向顾客证明你所说的都是真的。销售是信心的传递、情绪的转移。此时，说话的信心和情绪很重要！最有说服力的话就是"现证"，可以是名闻遐迩的故事，或发生在你周遭的真实案例。总之，你一定要学会"讲故事"，讲一个具体的、真实的故事或案例。例如："先生／小姐，我曾经成交过 20 间以上的房子，有一位也住在这个社区，您若有所顾虑，我们不妨现在就一起去拜访他，问问他的感受与体验。"

5. 买这个产品值得吗？

要顾客掏出一大笔钱，终究是令人心痛的事。犹如最后的反攻一般，他的理性再度出马，发出质疑："买你们的产品真的值得吗？""其他房仲推销的房子也不差吧！"

此时绝不能派理性出来硬碰硬，而是拿出各家比较表，耐心说明每一种房子类型的优劣，并分析价格差异、后续为客户带来的利益等。此举并非去诋毁同业竞争对象，而是协助顾客比价、思考未来收益，再强调剩下来的钱可以有更温馨的用途。例如："先生／小姐，同样等级的房子，我可以提供便宜 10 万的优惠，省下的钱您可以带全家参加海外旅游，实现您一直以来的梦想！"

6. 我为什么要跟你买？

接下来是销售员的关键时刻。当顾客了解到产品对他的利益、几乎要被说服时，他可能会想到这个产品又不是你一人独卖，为何要做业绩给你？抱着可能想杀价成可能想从你身上获得什么好处的心情，他试探性地问："我为什么要跟你买？"

这时，要突出自己的优势，直击对手的弱点！关键时刻，就是要向顾客展现与众不同的地方，让顾客不仅愿意购买你的产品，更是迫切想要与你这个人成交，这种机会错过可就没有下一次！

可以分阶段制造稀有感，先说明公司的优惠，再以吃亏般地退让说明你个人的优惠。例如："先生／小姐，买房子不仅要看价格，更要看售后服务，我们公司在业界有一定的名声，业务员都保证为你服务一生！"然后再放轻音量，好像偷偷跟他说一样："每个业务员都有分配到定额的赠品，这次的赠品非常独特，市面上买不到，但就剩最后几份了，您现在决定的话，我帮您留一份。"

7. 为什么要现在立刻买？

顾客差不多被你说动了，然而还想要最后再考虑一下。这时就差临门一脚，要赶紧端出优惠方案，例如："先生／小姐，您太有福气了，我们碰面的时间也真巧。我们最近刚好有个项目活动，从看房到成交只要在三天以内完成，就赠送一万元的家电。虽然今天是第五天，但我还是帮您偷偷申请，这可为您省下不少钱呢！为了把握项目时间，您的预付定金要用现金，还是刷卡呢？"

以上就是通过七句话实现成交的销售技巧原则。切记：你是以"感性"进去的，最后又是以"感性"推动成交。此销售技巧在整个销售过程中非常重要，一定要熟练它！

本单元虽以"推销房子"作为范例，但其中最核心的概念—限时、限量、限价却可以应用到卖任何东西，包括零售业。

"限时"最常见于超市推出的"10分钟内所有货品1折"，虽然客户抢购的时间有限，客流却带来无限的商机。也可利用节庆促销，如母亲节购物送康乃馨、父亲节礼品促销"亲情海南三日游"、情人节购物免费换"情人娃娃"或花饰。

"限量"的促销广告如"超值一元，限量五件"，每人可以选5款10元以上的商品，以超值一元购买。虽然这几款货品看起来亏本，但吸引的顾客却带动买气，结果利润不减反增。许多专柜也会推出"组合销售"，只要购买一整组保养品就送价值5000元的礼品，限量10套，送完就没了，让顾客因为礼品"稀少"而感到价值提升。

"限价"则是让顾客自动着急，期待进门消费的时机。例如推出："即日起1～5天原价销售、第6天起降价25%、第10天起降价50%、第15天起降价75%"。表面上看来利润渐减，好像会亏钱，其实已经抓住了顾客的心，大家都怕太晚来只剩下人家拣剩的商品，因此会"趁早"源源不绝涌入。

总之,让购买的人惊喜、庆幸与自豪；让不买的人遗憾、失落、后悔。这就是"七句话成交术"背后的秘辛！

Part 3　用对话术，扭转人生

15 分钟成交 note

针对约会下一个与顾客的，设计一套你专属的"七句话成交术"！

(1) 你是谁？我为什么要听你讲？

我的从容开场白	围绕产品的"非"直接问题
● _____	● _____
● _____	● _____

(2) 你要跟我介绍什么？这是什么产品？

顾客可能关心的点
● _____
● _____
● _____

(3) 买这个对我有什么好处？我现阶段不需要！

顾客可能会有的需求
● _____
● _____
● _____

成交，就是这么简单

(4) 你说的是真的？我可以相信你吗？

具体的故事（写关键字即可）	真实的案例（写关键字即可）
● _____ ● _____	● _____ ● _____

(5) 买这个产品值得吗？

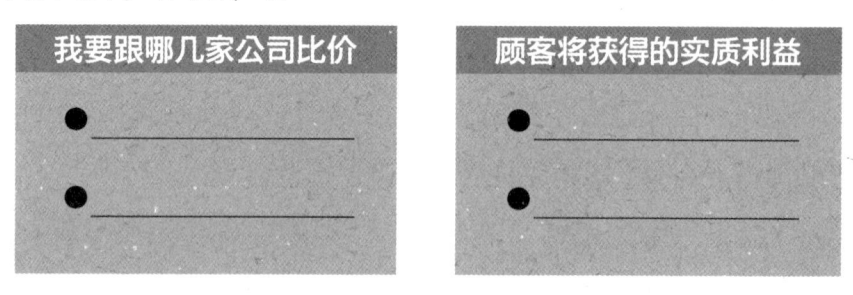

我要跟哪几家公司比价	顾客将获得的实质利益
● _____ ● _____	● _____ ● _____

(6) 我为什么要跟你买？

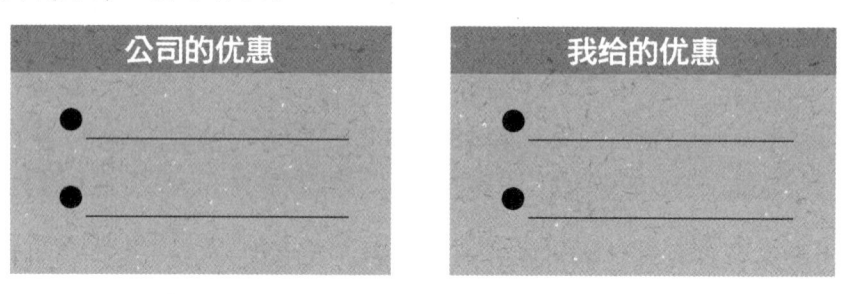

公司的优惠	我给的优惠
● _____ ● _____	● _____ ● _____

(7) 为什么要现在立刻买？

我的底牌～最终优惠方案设计
● _____   ● _____

Part 3 用对话术，扭转人生

裕峰老师's show time

针对不同类型的顾客，要使用不同样的"七句话成交术"。你可以累积经验，将顾客略作分类，再将自己精心拟定的几套"七句话成交术"，自在无碍地使用！

Unit 04 感官型引导销售

天下顾客千百种，每种顾客的特性都不同，想要用对话术，首先，你一定要知道你眼前的顾客是哪一种类型。而通过本单元的分析，你也可以概略知道自己"天生"属于哪一种类型，以及经过"后天"努力后，可以使用哪些话术。在销售时，依据顾客类型，调整自己的频道，让他觉得："与你谈话真是如沐春风！""你真是了解我！"甚至出现："我们是同一种类型的人啊！"如此惺惺相惜的感叹。

本单元是非常实用的话术大全，首先，让你了解视觉型、听觉型、感觉型顾客的特征，进而针对不同种的人，给予不同话术的使用建议。

视觉型顾客

视觉型顾客的对话句子中，常会出现："这个我很清楚。""我明白你的意思。""你可以想象吗？""我想要有更乐观的前景。""让我们把焦点对准这一点。""你怎样看这件事？""你看得透吗？"等等。他们对于眼睛看得见的东西才有安全感，对于商品也较执着于一定要亲眼看到、亲自确认过，才愿意付钱。

Part 3　用对话术，扭转人生

视觉型顾客常会使用以下词语：

图画	闪烁	看来	生动有趣	款式	凝望
明艳	焦点	悦目	忽明忽暗	完全空白	视线
装饰	看似	快速	灿烂	颜色	显示
澄清	范围	速度	样子	鲜艳夺目	表现
图案	反映	视野	如花貌美	注视	观点
出现	展览	目的地	观察	目标	多彩多姿
光明	长远	明显地	目光	黑暗	角度

因此，当你发现对方的话语中常出现"……的样子""看起来好像……"，或者习惯描述长相、形貌，这样的人可能就是"视觉型顾客"。若你还无法确认，可以进一步观察他在思考时，目光是否经常往右上或左上看，并且将视线停留在某个位置，长达一段时间。这类顾客的反应相当快，因为他们很容易在脑中产生画面，对方话讲一半他就猜到后面了，所以有时会没耐性听别人说完话。善加利用他们的特质，便很容易与他们打成一片。其他细节请见下方超实用表格整理。

	视觉型顾客特征	销售员的配合
衣着	◎ 衣着整齐，喜欢亮眼的颜色	◎ 见面不要穿得太随便
环境	◎ 要求环境明亮清洁、摆设整齐	◎ 将见面地点布置整齐、使整体环境光线充足
行为	◎ 行动快、动作较夸张 ◎ 能够同时兼顾数件事 ◎ 不安于坐，只坐在椅子的前半张	◎ 多用手势和动作与对方交谈 ◎ 耐心等待他同时处理其他事 ◎ 约在可以散步的地方、不必一直在坐着的地方聊事情

成交，就是这么简单

个性	◎ 活泼外向 ◎ 喜欢颜色鲜明、外型美观 ◎ 喜欢多变化、节奏快的事物 ◎ 在乎事情的重点、不太在乎细节	◎ 谈话内容多元而生动 ◎ 多用色彩图画或照片介绍 ◎ 准备生动有趣的话题 ◎ 不要太拘泥小节（但衣着方面例外）
说话	◎ 说话的速度快，不喜欢重复同样的话 ◎ 开场简短，马上进入主题 ◎ 喜欢举例	◎ 仔细聆听，不要让他说第二次 ◎ 不用寒暄太久，简单扼要 ◎ 多做示范、少说道理

听觉型顾客

听觉型顾客通常会这样说："告诉我你觉得如何？""我们能谈谈吗？""留心可能发生的事！""这听起来象是真的！""谈谈这件事怎么样？""事情的细节你都研究过了吧？""她说话的声音很好听。"

当你听到这些词的时候，你可以大胆做一个假设，和你交谈的人，可能是一个听觉型顾客。

听觉型顾客只要听到你诚恳地介绍商品，初步就会有不错的接受度，不会拘泥于一定要看到东西才愿意掏钱购买。听广播就划拨电话购买的婆婆妈妈们，大多是听觉型顾客。

听觉型顾客常会使用以下词语：

悦耳	韵律	沟通	寓言	声音	废话
告诉	大叫	讨论	音乐	唱歌	铿锵
旋律	无声	表达	听起来不错	守口如瓶	调整频率
连续	宁静	走调	讲讲你的意见	说老实话	一字不差
聆听	谈话	歌曲	如雷贯耳	绕梁三日	宣布
响亮	听懂	刺耳	高调	呼喊	故事
查询	语调	回响	低调	意见	讨论

Part 3　用对话术，扭转人生

当你在与某人谈话时，如果对方的眼光总是左右飘移，不时托腮思考，第一时间就会觉得他心不在焉。但事实上，这些人是最好的聆听者。他们虽然不会一直注视你的脸，甚至从头到尾都看着你左右两颊以外的空气，但实际上，他们是在认真思考你说的内容，他们不会只顾着处理自己所要说的话。

听觉型顾客有时不见得喜欢跟你见面，所以有机会的话，可以进行电话推销。此外，他们对于音乐、声音非常敏感，所以你的没自信、不够诚恳、畏惧等情绪都会被他们发现。一旦发现对方是听觉型顾客，切忌说话不能颤抖。其他细节请见下表。

	听觉型顾客特征	销售员的配合
环境	◎ 喜欢有音乐的环境	◎ 播放顾客喜欢的音乐
行为	◎ 不自觉会将耳朵向着交谈中的对方 ◎ 关键事情较少以信件往来 ◎ 手脚会随音乐打拍子	◎ 有心理准备，莫将对方视为不礼貌 ◎ 重大事件最好碰面沟通 ◎ 可以跟他聊音乐话题
个性	◎ 喜欢规则与秩序，注重事情的步骤、细节 ◎ 对气氛很敏感 ◎ 遇到擅长的话题，话匣子一开往往停不下来 ◎ 容易担心听不清楚	◎ 一开始就把规则条列式、说清楚 ◎ 营造轻松、无压力的氛围 ◎ 多引用权威人士的话来跟他沟通 ◎ 讨论后补上书信或会议记录
说话	◎ 说话较慢，不急不徐，同一个话题可能会谈很久 ◎ 谈话内容详尽、常有重复 ◎ 喜欢听故事	◎ 适度引导他往业务希望谈论的议题 ◎ 多耐心倾听 ◎ 准备各种范例与故事

感觉型顾客

感觉型顾客通常会这样说："这件事有把握吗？""对事情的安排你感到安心吗？""主办的人用心用力让来宾都感到

称心满意。""她真的很细心温柔。""我直觉……""我感受得到那种氛围""让我们来处理一下""我无法把握你说的要点。"

相较于前面两种类型的顾客，这类顾客情绪起伏较大，不喜欢受到束缚，一时兴起可能很爽快地花钱购买，但下次却不一定如此。此外，感觉型顾客很重视触觉，如果让他触摸到产品且感到满意，其购买概率便可提升。

感觉型顾客常会使用以下词语：

本能	情绪	自在	坚固	实在	忧愁
感觉	感受	温馨	实践	实际	悲哀
处理	麻烦	压力	安全	温暖	幸福
把握	烦恼	匆忙	危险	打击	激情
压迫	坚持	轻松	冷漠	移动	沉重
感受	动力	舒服	冰冷	激动	支持
兴奋	接触	开心	难受	刺激	不自在
合适	紧张	快乐	冲动	激烈	趁热打铁
控制	流畅	冲击	惊慌	掌握	合作
粗糙	愤怒	你觉得如何	顺利	惊怕	一点都不怕

从事艺术、创意工作者，很多都是感觉型的顾客。他们非常擅长思考，想法也十分多元。当你问一个引发他兴趣的问题，例如："你对这场球赛有何感想？""昨天那个画展你觉得如何？"在多数情况下，他们的视线会朝右下方飘去，然后陷入思考模式，一会儿便高谈阔论。其他细节亦见下方表格。

Part 3 用对话术，扭转人生

	感觉型顾客特征	销售员的配合
衣着	◎ 不大拘泥穿着，以自在舒适为主	◎ 谨守基本礼仪，见面不必穿得太正式
行为	◎ 行事稳重、常作思考状 ◎ 不在乎好看或好听，重视感觉 ◎ 常靠墙站立，坐时会靠椅背 ◎ 手常抚摸身体或物品	◎ 多聆听、了解他的感受 ◎ 多强调商品拥有后的价值 ◎ 姿势随他一样放松 ◎ 多肢体或身体接触
个性	◎ 需要时间来感受 ◎ 喜欢被人关怀尊重注重感受 ◎ 喜欢亲手完成事情 ◎ 容易有同情心	◎ 耐心等待他的回覆 ◎ 多问他的感觉 ◎ 多让他接触产品或样品 ◎ 多与他分享感人故事
说话	◎ 讲话速度比较慢 ◎ 话不多、可长时间静坐 ◎ 说话较低沉	◎ 从容，莫让对方感觉急躁 ◎ 可约在咖啡店见面 ◎ 用缓慢低沉的声调对他说话

感官用语契合

好！以上我们概略分类的不同感官类型顾客，对于穿着、气氛、谈话方式都有不同喜好，尤其，他们有不同的习惯用语。因此，只要观察出顾客的类型，就将使沟通更加顺畅，让成交的机会大增。

另一方面，了解这三种类型顾客的说话模式，也能避免一些沟通上的误会。

例如销售员在谈合约时，听到顾客这样说："我觉得这份合约仍不够完整，我一时之间也感觉不出到底哪里有问题，但总觉得有什么地方需要修正。"

顾客的话中，出现了两次"觉得"，一次"感觉"，因此可以推测他属于"感官型顾客"。但若销售员没有意识到，加上销售员本身属于"视觉型"的人，他可能会这样回答："如

果你再仔细'看看'这份合约，你应该明白地'看见'，我已经在上面列出了所有的细节及注意事项，我不'清楚'你还有什么疑虑之处。"

走视觉路线的销售员和走感觉路线的顾客，在这一刻实在很难达到共识。然而，如果双方的调性是同步的，便能顺利进行沟通。

视觉型同步

视觉型顾客	当我再次"看过"你给我的这份合约后，发现其中有些地方不"清楚"，我不太明白你想表达什么。
同步型视觉的销售员	好，我把内容以"图象"表示，再调整成如下"文字"，你"看看"这样是否比较"清楚"？

听觉型同步

听觉型顾客	我认为我们应该进一步"讨论"，因为"听"过你所说的内容以后，我认为你说的和我想的有些差异。
同步型听觉的销售员	我"听懂"你的意思了，让我再"重述"一遍刚才所讲的，你若有任何不了解之处，可随时提出与我"讨论"。

感官型同步

感觉型顾客	我"感觉"不到你的重点，我"觉得"你似乎在强调这个，但我不是很了解。

同步型感觉的销售员 ➤ 我可以"感受"你在乎的部分,让我们再回过头来"思考"一下这份合约,同时"挑出"其中不完整之处。

以听觉型的顾客为例,如果你想和他沟通或说服他去做某件事,却又用视觉型极快的速度向他描述,这样只会造成反效果。你必须和他一样使用听觉型的说话方式,不急不徐,配合他的说话速度和语调,他才能听得真切,否则你说得再好,他还是听不懂。再以视觉型的顾客为例,若你以感觉型的方式对他说话,慢吞吞而且不时停顿地说出你的想法,不把他急死才怪。人和人之间的沟通就这样,只有用同一种感官用语沟通时,才不至于产生误会。从上面几个例子可以看出,与不同感官类型的顾客沟通时,保持相同感官类型的步调,是多么重要。

也许你会说,我觉得自己具备了"视觉性顾客"的重视穿着、"听觉型顾客"的敏感情绪,以及"感觉型顾客"的稳重个性。在此我必须声明,上述三种感官型顾客的分类,仅是NLP(神经语言程序学)经过概略统计调查后,取平均值统计的结果。重点是帮助业务员与顾客进行更好的沟通,却不能视为不变的准则。因此,请好好参考使用,同时随机应变吧!

三种感官契合

当我们了解视觉、听觉、触觉三种感官类型的特征之后,接下来说明如何与不同类型的顾客,在销售过程中运用各种手法来进行有效"契合"。

成交，就是这么简单

1. 见面前

感官类型	运用
视觉型	◎ 准备多样化、易懂的说明书，如应用图画、图表、相片来说明 ◎ 稍稍布置环境，让现场整齐、清洁
听觉型	◎ 准备规则条列清楚的说明书 ◎ 准备权威人士说过的名言 ◎ 准备充满节奏性的用词（例如介绍产品的顺口溜） ◎ 准备柔和的音乐（或顾客喜欢的音乐类型）
感觉型	◎ 准备实际的产品让他可以触摸到 ◎ 准备一些动人的人生经验

2. 会面中

感官类型	说明
视觉型	◎ 说话简短扼要，保持轻快的节奏 ◎ 解释时多做示范、少说道理 ◎ 讨论事情时，多问他：你看怎么样？
听觉型	◎ 经常重复他说过的字或话 ◎ 搭配气氛改变声调、音量、快慢，让对谈过程中充满活力 ◎ 当他说话时，点头表现出你正用心聆听
感觉型	◎ 多询问他的感受，如：你觉得如何？ ◎ 将产品交到他手上，让他近距离感受 ◎ 对谈时从容不迫 ◎ 多谈及人生经验和感受

Part 3　用对话术，扭转人生

3. 会面后

感官类型	说明
视觉型	◎ 特别时令送花或写贺卡，关心他的日常生活
听觉型	◎ 多用电话来保持联络
感觉型	◎ 多安排与他见面的次数

15 分钟成交 note

1.利用下面表格，私下分析"你的顾客"偏向哪一类型。（可用铅笔记录，重复使用）

项目	视觉	听觉	感觉
偏好合约方式	□图象式	□条列式	□看当下感觉
说话速度	□快速	□较慢	□缓慢
说话方式	□简单扼要	□详尽冗长	□声音低沉
易被什么感动	□小礼物	□关心的电话	□见面的拥抱
成交关键	□看到产品	□听到说明	□摸到产品
填入打钩数字			

【分析】眼前这位可能是：□视觉型 / □听觉型 / □感觉型顾客（请勾选打钩数字多的类型）

成交，就是这么简单

2. 当与各种类型顾客见面时，我要注意些什么？

顾客类型	我的注意事项
视觉型	
听觉型	
感觉型	

裕峰老师's show time

为每一个顾客找出他最自在、喜欢的相处模式，是最重要的事情。切记，分类不是重点，重点是能与顾客增进友好、加强信赖！

Part 3　用对话术，扭转人生

Unit 05　换句话说就成交

语言是基本的沟通工具，它可以用来形容事件，也能帮助人们筹划未来，甚至左右一个人思考和感觉。例如，大声缓慢地朗读以下6个词语："沮丧""失望""悲伤""拒绝""讨厌""生气"，是否感受到负面情绪的上升？

现在同样大声缓慢地朗读"财富""成功""快乐""幸福""健康""爱"6个词语，是否有另一种心情呢？

这是因为词语本身具有生命，负面词语会吞噬人类的积极能量，而正面词语可以带来欢喜与前进。不同的词语具有不同的暗示作用，语言是影响客户最大的关键，所以在销售当中，必须观察客户喜欢什么样的语言，而什么样的用词会勾起他对过去购买某样东西的恐惧回忆。会升起客户负面情绪的词语当然不能使用，但另一方面，许多我们习惯的常用词语也不建议使用。

转换你的用词

"说出好话"是一件非常困难的事情，"说出能成交的话"更是不容易，因此需要不断练习。如何练习？其实很简单，当你发现你说出来的话常常无法打动对方时，那么，试着分析自己常用的词语，反复斟酌，替代成能打动人心的话。以下举几个"替代"的例子并说明。

1. "购买"改为"拥有"

比起花钱购买，人们更想要拥有，拥有是一种美妙的感觉。拥有的欲望是深层的渴求，导致一种强烈的购买力。

专业销售员会用心构思：如何使客户坐下，并使客户充满期待地对他述说。通常，他不会鼓励你购买，而是不断重复"拥有"两个字："您如果决定拥有它，我们可以很快送货。""当您从我这里拥有我们的某一种产品时，您也拥有了我终生的服务。""当您拥有我们的产品时，您绝对会满意，因为它如此实用与独特。"

总之，设计一套"拥有"话术，就能持续加强顾客的购买欲望，并迅速促使客户作出购买的决定。

2. "成交"改为"机会"

虽然本书书名有"成交"二字，但这是业务圈的专门用语，顾客不见得喜欢听到这个字眼。因此，当你成功完成一笔交易，千万不要说："真是一笔完美的成交！"而是要改成："感谢您提供一个让我服务的难得机会。"站在消费者立场，如果每一次消费后都拥有超值的温暖服务，心情自然不同，同时也会提升之后继续向同一人消费的概率。

成交听起来是件严肃的事情，且仿佛涉及利益交换（好吧！没错它也是事实），但"机会"却能让顾客感受到他可以得到某种好处，而且这么说也轻松多了不是吗？

3. "改进意见"改为"关心话题"

当客户提出"客诉",希望业务下次能够改进时,以"谢谢您对我们提出意见"固然有礼,却不如使用"谢谢您对我们的关心"这句话,后者显然高明多了。

"意见"虽然也是善意的表达,但显得生硬、冰冷,而"关心"则不一样,让人感受到情感的倾注,即使对方一开始抱着怒意前来,听到这样的话,也不好意思再发脾气。

4. "合约、申请书"改为"文书、基本资料"

合约这个词显得一板一眼,仿佛一切都要按照规矩来,违背就会吃上官司。曾在"合约"中吃亏的人,听到这个词甚至会激起负面联想。因此,我一向主张,除非必要,尽可能不要使用"合约"这个词。双方协议的内容,可以用"文书""文件"替代。

而"申请书"这个词本身就充满"下对上"要求、却不一定能获准的意涵,如"学生"向学校申请入学、"保户"向保险公司申请理赔、"教授"向国家申请研究经费,但学校可以拒绝学生,保户、教授也可能被保险公司、国家拒绝申请。因此我向来会以"请您填写这份基本资料"代替"请您填写申请书"。总之,用点心思,使用较无压迫感的字句,能让顾客更加自在。

5. "成本、价格"改为"投资、总值"

一般人听到"成本"或"价格"这两个词时,脑中一定浮现:"辛苦赚来的钱要离开自己的口袋了!"这种感觉。其实成本是投资的一种,假设健康的成本之一是购买健康食品,那健康食品就是一种对健康的投资。

价格更是如此，例如你说这款食品的价格共一万元，消费者的心马上会抽痛："要将一万元交出去了！"然而你改用"这些食品总值一万元"，消费者的思考逻辑便会是："我买来的东西是值得一万元的！"两者有天地之别。

投资和总值给人的感觉是"有价值"且会"回本"的，而成本可能一去不复返，价格更是个向你要钱的"告示牌"。因此，虽然根本上意思相同，以投资、总值来代替成本、价格，明显就有不同的感觉。引申来说，将"预付订金"改以"最初投资"，"月付款"更替成"月投资"，即是很好的应用。

6."签名"改为"授权"

在现代社会里，常常有需要签名的时候，而且伴随着签名这个动作，总是又有一笔开销要支付了。在多数情况下，人们在签名前，头脑中会产生警觉，变得犹豫不决，希望再检查一下签署的文件。这是因为从孩提时代我们就被这样教育：没有经过认真思考、仔细查阅，绝不要在任何文件上签名。但在交易时又不得不签名，怎么办呢？如何让客户愉快交易又不惆怅呢？其实你只要改变一下说话方式，不要请他签名，而是请求对方的同意、授权。

想一想："先生／小姐，这份文件需要您的授权！"然后把笔递给他，眼睛看向签名处，是不是比说出"先生／小姐，请在这份合约上签名！"要高明多了？

不要使用的词语

除了转变词语，还要以"具有说服力"的话语代替毫无说服力的用词。有 6 类充斥在我们周遭的、最常见的、不具说服力的惯用词。

1. 尝试

假如你对自己说:"我今天要尝试推销出去一套化妆品。""我尝试要成为千万富翁。""我要尝试戒烟。"那肯定不会成功,因为尝试是一个不确定的词,感觉你也没有"一定要",或绝对必须实现的决心。

人类的潜意识就像一部精密的计算机,倘若没有明确给予指令,那就什么也做不出来。当你给大脑输入一个不确定的讯息时,大脑指挥身体完成的也是不确定的结果。

人生要么就是有,要么就是没有,没有所谓"尝试"这一中间状态。所以,请改变你的词令为:"我一定要做到。"

2. 不会、不能、没办法

遇到自己不擅长的工作或任务时,一般人往往会说出:"我不会做。""我无法照你的要求。""我没办法说服他作出这样的决定。"这样的话听在主管或客户耳中,其实就是"你不做"的意思。

或许你现阶段的能力真的做不到,但你可以改成:"我'还'不会做,但可以试试。""我'还'无法照你的要求,或许是我必须改变一贯的做事模式。""我'还'没办法说服他作出这样的决定,但也不是说不可能。"

你发现了吗?当你加上"还"这个字,后面一定会出现其他想法,因为这个字蕴含着还有机会、还想去学、还愿意尝试。

愿意努力突破自我的人，绝对比拒绝改变的人要受欢迎。

3. 可是、但是

某次，我和几个好友出外郊游，玩得相当尽性。这时有人说出了扫兴的话："今天玩得很开心，但一想到明天要上班……"。顿时气氛冷凝，因为大家被他后半句话引导，霎时间都想到了明天要上班，而忽略"玩得很开心"这个事实。

其实在语言表达上，连结词的使用可以决定重点究竟放在哪里，例如下面三种模式。

◎ 今天玩得很开心，"但是"明天要上班……
◎ 今天玩得很开心，"而且"明天要上班……
◎ 今天玩得很开心，"虽然"明天要上班……

第一例使用"但是"，使得重点转移到后句，虽然一开始讲的是开心的事情，却因此具有负面杀伤力，让人联想到假期后的上班忧郁；这二例的"而且"表示前后程度相同，只是平淡地叙述两件仿佛不相干的事情——不过一般人并不会这么说话，此处纯粹举例以让读者容易了解；而第三例使用"虽然"，强调的重点一下子就变成了前句"今天玩得很开心"了！

由此可见，即使你说再多好话，只要出现一句"但是"，后面又没有其他补述，就足以毁掉你先前的用心铺陈。例如你对一名顾客说：

"邱先生您好！你说价格太高，我很想帮你，但是我也无能为力。"那么前面再多用心也是白搭。但只要改成"邱先生您好！你说价格太高，我很想帮你，'虽然'我无能为力，但我可以帮你另外想办法。"这样一来，语气便柔和许多，也能给对方带来好印象。

4. 希望

希望是个美好的词，充满无限的未来愿景，但用在销售方面却软弱无力。假如你说"我希望你喜欢我的产品。""我希望今天能推销成功。"表示你不确定自己是否可以办到。自己没有信心，怎能期待顾客对你的产品有信心？因此，你必须要自己先相信，先习惯把"希望"这个词转换成"相信"，甚至进一步使用"坚信"。

"我相信你会喜欢我的产品！""我坚信这次的推销会大获成功！"在内心如此大喊吧！

5. 假如

销售过程当中，手边不可能拥有客户需求的每一种款式。当需要调货时，必须请顾客等待几天，甚至不确定有没有货时，询问顾客的用词非常重要。如果你说："假如我们调到你想要的款式，您确定要购买吗？"八成客户此时会回答："那我再考虑看看。"但换一种说法："当我们调到你想要的款式，请问您选择哪一种送货方式？"

首先，"假如"这个词给人的感觉是：有一半以上的机率无法达成。用"当……"绝对比"假如"高明，因为你让对方觉得顺利到货是一件相当肯定的事情。其次，直接询问"送货方式"，而非确认购买意愿，等于省略了对方的犹豫与考虑，已经帮对方决定要购买了。

6. 问题

对谈过程中，势必会出现双方无法达成共识、需要协调的事情。这些状况可能是大问题，也可能是小问题，但重点是：你不要把它当成是"问题"！首先，用词就不要出现"问题"二字。

没有人喜欢"问题"，因为"问题"表示还有没解决的事。这词严重削弱了对成功缔结销售的信心，也让对方备感压力。例如你想这么说："我觉得我们的协议有点问题。"倒不如改为："我觉得我们的协议有点挑战，相信您和我都能想办法战胜这个挑战。"

以下提供常见的"换句话说就成交"词语，你可以亲做实验，观察换句话说之后，对方的反应以及最后的结果。

一般用词	转变词语	一般用词	转变词语
购买	拥有、带回家	合约	文书
成交	机会	申请书	基本资料
反对意见	关心话题	成本	投资
销售、卖	服务、参与	价格	总值
花钱	投资	预付定金	最初投资
月付款	月投资	签名	授权
尝试	一定	不能、没办法	还不能、还没办法
可是	虽然	希望	相信
假如	当	问题	挑战

为什么要换句话说？

是为了让说出去的话更温馨、更具备感染力，使客户受到感动，意识到自己的需求，以加大成交机率。

Part 3　用对话术，扭转人生

平时努力观察，搜集感动自己的用词，反复练习、改进，便可增进自己对用词的敏锐度，吸引客户、愉悦客户，引导客户点头。

15 分钟成交 note

找出 8 个你惯常使用、总却让你无法成交的词语，转换它吧！

习惯用词	转变词语	习惯用词	转变词语

裕峰老师's show time

转换用词，等于换一种思考模式，因此同时也会转换自己的心情。学习让自己用"换句话说"，适时转变负面思维，掌控情绪，迈步成交吧！

成交，
就是这么简单

Unit 06 潜意识引导销售

人的头脑是由"意识"和"潜意识"两部分所组成。意识喜欢明辨是非，分出好坏，潜意识却无法分辨是非善恶，无论意识给了它什么样的信息或想法，它只会照单全收，在人不自觉的状况下，去一一实现指令。

想和潜意识沟通必须使用特殊语言，而潜意识最能理解的语言便是"情感"。用情感与客户的潜意识沟通，就能激发顾客想要购买的欲望。例如通过形象化的文字描述，让顾客想象到拥有产品后的美好感觉，甚至为他营造一个仿佛看到、听到、甚至触摸到的情境。所以，一个成功的销售员，应该是一个构图专家，如果你觉得自己不是，那么你"必须"将自己培养成一个构图专家。

假如你现在手里拿着一颗柠檬，请想象一下：你用红色把柄的水果刀切开它，拿起一半放在你的嘴边，你用力一挤，柠檬汁滴在你的舌头上……说到这里，如果你很用心地去感受，应该会有种酸酸的感觉。

我要说的是，无论是真实的还是想象的，只要能让客户"产生想象"，那么，潜意识的催眠也就开始了。

Part 3 用对话术，扭转人生

引导顾客建立画面

一般的销售员在贩售柠檬时，可能会喊出："来买柠檬喔！"或是："柠檬跳楼大拍卖！"但是懂得运用潜意识销售的人则会说："看看最新鲜、充满维生素C、酸酸甜甜的柠檬汁！"虽然是卖柠檬，但他将柠檬直接转化为饮料，让消费者好像亲口尝到柠檬汁、又获得营养素的感觉。这样的叙述，就激发了他们的潜意识，使其鼓动意识，产生购买欲望。

因此，要启动顾客的潜意识，你必须先在自己的脑海里想象出一幅有趣的、具体的、能打动人心的图画，然后再化为语言，像放电影一样有声有色地描绘给你的客户听，把它能给顾客带来的感觉，从影像、声音、味道、感受等方面描述出来。简而言之，就是从以下三方面引导客户在他脑中构图。

◎客户如何使用这个产品？他会利用这个产品做些什么？
◎客户想要从产品中得到什么？简单地说，用了这个产品，客户会获得什么好处？
◎客户在使用这个产品时，会是什么样快乐的景象？

当人们听到某件事情，或者期待某种事物时，潜意识便开始勾勒出一幅画面，然后意识便会根据这幅图画，决定自己是否要前往追求。因此，如果你卖的是车子，销售时，你就必须在你的客户前，勾勒出一幅使用这台车子的美好画面："有了这部车，就可以载着心仪的人去兜风，让她感受到你的美好品味。"如果你卖的是房子，你必须让客户展开一幅幸福的想象图：

"在这个安静、温馨的空间，家人一起坐在布置素雅的客厅聊天、喝茶，共享温馨的天伦之乐。"如果你要销售一个海外旅游行程，可以从听觉、嗅觉、味觉、触觉四方面来介绍：

项目	话术
听觉	当你坐在海边的棕榈树下，可以听到海浪冲击沙岸的大自然音响，以及海鸥奔放不羁的叫声。
嗅觉	你可以闻到松树或刚刚收割的稻穗香气。
味觉	你可以去逛逛那里的乡村商店，拿起那里的草莓，品尝酸酸甜甜、花蜜般的味道。
触觉	你取来一支独木舟的划桨，那木头十分平滑，手握起来很舒服，让你充满了向大海滑去的活力。

总之，竭力在客户的头脑中勾勒出美好画面，唤起客户的美好感觉。记住，画面愈有吸引力，愈能打动客户、激起客户对这幅美丽图画的向往。当顾客不自觉产生向往，他的意识就会告诉他：值得购买。

所以，你必须让客户陶醉在你的产品之中，让他充分感受这个产品的好。最直接了当的，就是让他操作或试用这个产品。例如卖化妆品时，你可以让她抹一抹，然后告诉她："您抹在脸上是不是感到很润滑但不油腻？而且它会使您的皮肤显得更加白嫩！"如果你销售的是车子，你可以让他们摸一摸方向盘、车身，进到车里坐坐皮椅，再闻一闻皮椅味道。听到不如看到、看到不如摸到，产品的操作最好交给客户，你只需要站在一旁指导和说明。事实上，让客户亲自动手，他才会找到感觉，这比你亲做示范更有说服力。

潜意识沟通法

在一般人印象中，潜意识藏在意识的最底层，似乎只有在梦中才会展现出来。其实潜意识主宰着人的思想，在销售、谈判或是辩论的过程中，潜意识常从心灵深处引导一个人的作为。因此，潜意识存在的欲望，亦即你生命深处真正想要做的事情，倘若非常强烈，最终一定会达成结果。

据统计，一个人清醒的时候，平均每75分钟就会进入一个精神恍惚的"易催眠状态"。你应该有这样的经验：在公交车上突然失去意识地睡着了；在熟悉的路上开车竟忘了转弯；在说话的当下突然忘记要说什么；看电视的时候，人家叫你都没有听见……这些都是标准的易催眠状态。

当一个人意识模糊的时候，就进入了易催眠状态，这时，他固执、坚定的意识会暂时消失，心中渴望某项事物的潜意识却打开了。所以说意识跟潜意识不大能够并存，意识愈弱的时候，潜意识愈强；意识超强的时候，潜意识反而很弱。于是在他进入易催眠状态时，你可以和他的潜意识对话。

要与一个人的潜意识对话，除了抓紧时机，还要卸下你平时对他的刻板印象。例如有一个固执不肯变通、老是不愿意为自己保险的人，他在你心中的评价应该是："永远都不会为自己想。"

然而，在他的潜意识里，说不定藏着："我要为女儿留下嫁妆。""我未来生病时该怎么办？"的纠结思考。于是，你一定要相信，这个人的潜意识中，是想要保险的。

当你相信对方，就可以抓紧时机，展开最合适当下的"八大潜意识沟通法"。

1. 销售"发生"三步骤

你应该听过鬼故事吧！

如果你去参加一个深山中的露营，晚间四五人围着营火，在一片静谧之中，突然有人提议讲恐怖故事。一个人压低声音这么开场："这个故事很恐怖，你听完以后，不敢照镜子，不敢上厕所，等一下睡在帐棚里也会心里毛毛的直到天亮！非常恐怖喔！敢听吗？"这样一来。在他还没有讲之前，你的心里已经开始发毛。因为大脑意识到即将发生的事，所以你仿佛觉得要发生了。这就是"预告即将发生"的作用力。

应用到销售方面，就是在你要销售任何产品前，可以跟对方形容"即将发生"的事（当然不是鬼故事）："这间房子绝对是你梦寐以求的房子，你绝对会喜欢，它有你喜欢的一切。"因为这些话将激发他们的想象力和渴望度，他们会开始评估、思考销售员说得是否正确。

当他买下产品，正在享受之时，你也要不定时地拜访他，以正面的话语再次跟他确认："房子的地毯真不错，坪数很大价格又便宜，当时把握时机买下很值得吧！"

而当下次你们还有机会面对面谈论下一笔交易时，你依旧要不断提醒他："上次您买下的那间房子，你一定对地毯和坪数都很满意，那么接下来跟您介绍的是……"。

这就是"销售发生三步骤"。运用到其他领域也是一样，例如教育训练方面：

Part 3 用对话术，扭转人生

即将发生	我等一下将要教你"成交"的秘诀，学会以后你将不再害怕被顾客拒绝，每一次访谈都可以成交！
正在发生	听说你将上课所学运用得很好，频频创造成交的新记录！那堂课果然值得吧！
已经发生	你才上过一堂课就能有此表现，我们接下来还推出成交进阶课程，你参考看看。

例如投资方面：

即将发生	我即将让你知道如何拥有150个国家以上市场和商机，只要掌握这商机，就可以带你的家人环游世界，拥有财富的现金流，实现你的梦想！
正在发生	看到这个商机了吧！你才一开始做却掌握得不错！只要持续朝这个方向，就可以简单经营国际市场！
已经发生	你在投资方面颇有慧根，最近公司另外推出一个投资方案，您想要了解一下吗？

总之，把握最佳时间点，展开"发生三步骤"的游说，顾客的潜意识一定会持续被你打开。

2. 直接联想诱导

"当你……的时候，你会……"乍看之下，你可能以为这是小学语文课本的造句，然而这是利用情境假设，引导对方进入潜意识的一种话术。例如当顾客犹豫不决、不知是否要买预售屋时，你可以带着他去看样品屋，这么对他说："当你看到这间房子的一切，你一定会想要买下它。"

其他物品也都可以套用这个公式。

销售物品	当你……的时候	你会……
健康食品	愈想与其他家做比较	愈会发现我们提供你的是最棒的产品
汽车	坐上这辆车子	感觉到这辆车子的舒适并想要拥有它
房地产	走过这个房子	忘记其他看过的房子，因为你知道在你生命中值得更美好的事物
财务服务	看着这个财务计划	兴奋起来，因为它会为你得到你所想要的一切
保险	正在考虑是否买保险	了解到给你的家人和孩子一份安全的保障是多么重要

直接联想诱导的关键，是在顾客心中建立一个美好的理想蓝图，引发他心中那种渴望幸福的潜意识。

除了"当你……的时候，你会……"这个公式，若能再补述原因，更有加分效果。如："当你看到这间房子，你就会想要买下它。因为它从格局到装潢都符合您的期望。"

3. 三合一沟通法

所谓的"三合一"是指叙述3件事实，并向客户提出1项要求，这个法则一般使用在客户出现负面情绪或抱怨时。

当眼前的人已经筑起心防，这时千万不要急着销售，而是阐述与产品有关的客观事实，并让他感受到产品的美好以及商量的余地。

在各个领域都可以这么使用。

销售物品	事实	要求
健康食品	近年来国人的健康质量不断下降,您刚才说你很注重健康,也关心年长父母的保健	因此您可以考虑一下我帮您搭配的"全家健康方案"
汽车	这部车可以跑山路,座椅非常舒适,座位数刚好符合您家族成员数目	您可以再开一圈,想象一下带全家出游的画面
房地产	你看到一个很漂亮的庭院,也看到屋内光线充足,而且坪数非常大	所以你可以想象一下住在这里的美好!
保险	我知道你很顾家庭,爱你太太和小孩,也想多赚点钱	所以今天想和你一起研究如何给家人更多的保障

甚至当顾客对产品显露出毫无兴趣的模样,也可以使用三合一沟通法。例如你已经讲得口沫横飞,对方依旧爱理不理,这时你可以放松心情,以这样的说法作为总结:"每一个人都希望做出好的选择(事实),看来你目前对产品没兴趣(事实),我知道你今天可能不会购买(事实),但经过刚刚的说明,你已经清楚了解产品的内容,未来有需要请一定要找我(要求)。"

4. 叫出对方的名字

丹尼尔·霍华德博士曾聚集一群学生进行一个实验。

实验开始前,请全体试验对象(学生)自我介绍,让三位卖饼干的销售员一一记下他们的名字,当然,学生并不知道这三位是卖饼干的。

接着,将学生们分为三组,逐一请他们进入三个小房间。每个房间里都坐着一位销售员。

第一个房间的销售员会先叫出学生的名字,再与他寒暄;

第二个房间的销售员则会客气地先说："对不起，忘了你的名字，能够再告诉我一次吗？"接着再进行谈天。第三个房间的销售员则完全不叫名字，直接开始与学生聊天。

最后，这三位销售员的话题都会转向饼干销售，并在结束前，询问学生是否愿意购买刚刚介绍的饼干。各组购买饼干的学生比率分别为90%、60%、50%。显然，一开始就被叫出自己名字的那一个房间，销售情况最佳。

一个刚认识的陌生人竟叫得出你的名字——这样的情况让人印象深刻，甚至会产生好感。所以在不论何种销售现场，在一开始，就叫出对方的名字，已经帮自己加了100分！此后再请他完成任何指令，基本上对方都会非常愿意。

5. 因为……

哈佛大学艾伦兰格教授曾有个知名实验。

实验中针对已经站在复印机前、准备影印的人提出想插队影印的要求。

A模式会这么说："对不起，我只有5页要印，能不能让我先影印呢？"

B模式则说："对不起，能不能让我先影印？因为我真的很赶……"

结果，对方让A先影印的机率为60%，让B先影印的机率却高达93%。

艾伦兰格教授分析，B模式较能让对方礼让，是因为说出了"不得已""一定要这么做"的原因。

应用在销售方面，顾客为什么一定要买你的东西？为什么一定要跟你买？当你说出了一定要如此的原因，对方就会因为这个"强而有力的理由"而体谅或支持你。

例如在快餐店人潮汹涌时，点餐人员必须请顾客等10分钟。这时如果只是说："抱歉人很多请您等10分钟。"一定会招来抱怨。但若改成："因为餐点是现做的，可以请您稍等10分钟吗？"那么反而让顾客觉得餐点很新鲜、值得等待。提出强有力理由多么重要！

不只是销售，在人际沟通方面也非常有效。曾经有位学员在上过我的"沟通高手"课程后，这么分享：之前在追一个女生，想约她出来一直约不到，她永远都有一百个很忙的理由拒绝我。学习到裕峰老师善用"因为……"的话术后，我改成这么跟她约："一起去看电影吧！因为你最喜欢的搞笑明星主演的新片刚上映！我买好票了，你星期六或星期日哪天有空？"

最后告诉大家如何在快要成交的关键，让对方不拖延，马上确认交易。你可以这么说："这产品你今天一定要带回去，因为你说想要让家人过得更好。手续很简单，请填妥这份资料就好。"或是："这台车子你等一下办好手续，马上就可以开走，因为你告诉我，受不了开现在的旧车上班。"

给对方强而有力的理由，让他马上点头！

6. 用"我们"取代"你"

称呼对方时，除了叫名字，通常我们都会习惯用"你"。但有些时候，称呼"我们"会让对方感觉更亲切，因为这表示"你""我"绝非相互对立，而是站在同一条阵线，这会营造出一种合作的气氛。

例如你说："我们一起完成这份资料。"对方就不会觉得你在指使他做一件事情。

而如果你说："让我们来看看，如果你今天购买产品，能得到哪些额外的优惠！"绝对远比"你今天购买产品，一定物超所值！"好听多了。

虽然两种说法的结论一样，但"我们"句型让客户更容易接受。

7."如果"处理法

汤姆·霍普金斯是一家房地产公司的销售员。一天，他接手推销一幢三层楼的办公大楼，公司规定办公大楼售价不能低于26万美元。但他看过屋况后，发现房子有许多地方需要整修，要修好空调、管线设备、地下停车场等，少说也要花4000美元。

于是汤姆打电话给一位看过房子、有意愿购买的客户，说明屋况："先生，您可以两种方式购买到这栋办公大楼，第一种方式是您出资30万美元，由我们为您修好那些损坏的设施；第二种方式是您出资27万美元，损坏的设施由您自己来整修。"对方马上回答说要选择第二种方式。

汤姆没想到这么轻松就以高于最低价格卖出了，心里高兴不已。但等到第二天汤姆要与对方约时间签合约的时候，对方突然说价格太高，坚持要降价才愿意成交。

于是汤姆这么回答："您知道这幢建筑物有一定的价值！好吧！我尽力跟公司谈谈看，虽然我没有十足的把握，但如果公司愿意降价到26万美元，当然您依旧得自行维修设备……如果我做到了，您愿意接受吗？"

结果客户马上回答:"如果能降到 26 万美元,我决定买下,水管和停车场地面我可以自己来修。"对方没想到还可以享受一万美元的优惠,但其实这个价格本来就是公司给汤姆的底价。

上述故事有两个层面的意义,首先是一开始的定价本来就要定得比底线高。而其次,就是本节提到的善用"如果……"来处理反对意见。

当顾客提出反对意见,希望再降价、再协商时,可以表现出为难的态度,但要认可对方的意见,让对方觉得销售员和他站在同一立场,尽力为他争取权益。如此一来,就会像汤姆一样,以真诚打动对方,甚至让对方觉得获得优惠。

另一种"如果处理法"也是先认同对方,接着再顺着对方的话进行假设。以营销一套教材为例,若对方认为是价格问题,就从价格跟他谈;当对方怀疑内容的质量,就用品质跟他谈。如下例:

顾客:"不用了!价格太高!"销售员:"是的,您的说法我认同。那您的意思是不是'如果'我能为您提供一个更优惠的价格,您就可以接受,是吗?"顾客:"我不知道这套光盘内容好不好,对我有没有帮助!"

销售员:"所以'如果'这套产品内容好、对您有帮助,您就想拥有一套,是吗?"顾客:"我想是的!"

销售员:"那好!我先寄一套给您试听看看!"

8. 你是唯一

美国威斯康辛大学做过一项非常有趣的实验,他们开了一个聊天室,找 10 位男大学生,告诉他们将通过计算机同时和10位女大学生交友，20个人将在同一个聊天室互相认识彼此。

实际上这些"女大学生"不是真人，只是计算机的回应。而计算机早已将10个虚拟的女大学生设定以下三种模式：

◎对所有的男同学"不表示"好感
◎对所有的男同学"都表示"好感
◎对"其中一位"参与实验的男同学表示好感

结果显示，只对其中一位参与实验的男同学表示好感的"女性"最受欢迎。由此可见，每个人都喜欢被特别重视，尤其喜欢听到"你是唯一"这样的辞令。

我个人特别爱去一家火锅店，每次有聚会，我都会优先考虑那一家店，因为每次老板都这么跟我说："裕峰老师：您是我最重要的客户，我为您准备了招牌的卤大肠，只有您才有喔！"每天进入火锅店的客人何其多，老板却仿佛将我视为最重要的客人，这就是让我成为老主顾的原因！

因此，不论销售哪一种产品，都要让对方觉得你会特别为他开价，如："只有你才会有这种便宜的房价！""因为我们是好朋友，所以只有你，才有这份量身订做的营养套餐！"

一项研究显示，在口语中，有24个最具说服力的字词，这些经过证实的字词能保证你在未来得到更多爱、更健康的身心，也能省下更多钱，这些词也是消费者最喜欢听到的：

Part 3　用对话术，扭转人生

结果	金钱	保证	避免	最新
保证	最快	好处	限量	限时
现在	容易	畅销	消除	改造
改进	已证明的	防止	量身订做	健康
发现	免费	唯一	节约	

掌握以上八种"潜意识沟通法"，善用顾客最喜欢的字词，就可以在不知不觉中，成为顾客信赖、喜爱的对象，因为你已经攻占了他的潜意识。用潜意识影响销售，其成效绝对超出你想象！

15 分钟成交 note

从听觉、嗅觉、味觉、触觉四方面来介绍你的产品。

项目	话术
听觉	
嗅觉	
味觉	

成交，
就是这么简单

触觉	

裕峰老师's show time

　　反复练习这些技巧，适度加以设计与掌握，你绝对可以成为自由自在与人沟通、同时成交率大为提升的 Top Sales。

Part 4

十大快速成交秘技

倾听在先，静观局势，
一出手立即破冰，
可以沉默、偶尔强势，
让对方意识到真正的需求。
必要的退让与成全，都是为了成交。
你正一步一步成为销售王！

Unit 01　-10 到 10 成交法

当你已经掌握成交心法、成交话术，接下来就进入实战阶段。此时往往是成交与否的决定关键，究竟要如何让对方心甘情愿地买单？

你可以先与顾客共同设定一个"-10～10"的范围，在他的心中，若产品成绩为负数，不买是理所当然；但倘若他为产品打的分数达到 10 分，他就愿意买单。然后再询问眼前的商品在他心中大概得到几分。

如果他回答的数字为负，那么就诚恳请教他，究竟是什么原因，竟让此产品在他心中只能得到负分。

其实一般来说，客户极少会回答负分，而是会给一个 1～9 的数字。于是，你就可以针对不足 10 分的原因，一一解决。这就是"-10 到 10 成交法"，第一个 10 分为负数，第二个 10 分为正数。

简单来说，就是使用三个步骤，将话题锁定在产品与服务。

1. 请顾客打分数

举例来说，经过了开场寒暄、产品说明后，业务员可以这样问："经过我的说明后，如果满分 10 分您就愿意购买，请问您现在打几分？"

2. 如果要达到 10 分，哪些地方需要更好？

如同前面所提到，一般客户不会给负分，但也不可能一开始就给高分（倘若真的给高分那就直接成交了），因此，大概分数会落在 3~7 分之间。接下来我们来模拟一下顾客答覆业务员的后续对话。

小王："6 分。"

业务员："如果要达到 10 分，有哪些地方需要更好，才会让你想要马上拥有这个产品？"

小王："产品内容应该再说明详细一点。"业务员："是不是让您更了解产品内容后，您就会马上做决定？"小王："还有，如果可以再便宜一点的话……"

业务员："是不是只要更了解产品内容，还有再便宜一点，您就会马上做决定？"

小王："是。"

3. 解决问题然后成交

现在，你只要解决这两个问题，小王就会当场决定。

如果客户的问题只是"说明不够详细"，这非常容易能解决。但一般来说，"价格太高"往往是客户的共同问题之一。这时，你要在自己的能力许可下，决定给对方多少程度的优惠。

然而要达到双方心目中皆满意、理想的价格并不简单，有时也需要再次申明产品的价值，让顾客觉得买到物超所值的产品。总之，必须想办法去解决问题，只要解决问题，客户就会当场决定。

但切记，不要一直问顾客还有什么问题，将重点放在"解决他的顾虑"即可。若拼命询问，等于是引导顾客努力去想还有什么问题，这不见得是好事，可能会朝负面方向思考，造成反效果。

当然，也许他最终的购买决定不是 YES，而是 NO，我就遇过这样的客户。即使我当下立即解决他在意的部分，也让产品在他心目中得到了 10 分，但客户依旧决定不买单。万一如此，也不必气馁，因为这笔成交不在当下实现，也会在未来实现。用心为顾客解决问题的业务员，绝对能掳获顾客的心。即使这次不买单，下次也会找你。

总之，"－10 到 10 成交法"不仅是一个话术，也是一种长期的心理战术。

15 分钟成交 note

为你的产品设计"－10 到 10 成交法"对话，想象你可能会遇到什么样的要求并解决之。

业务：经过我的说明后，如果满分 10 分您就愿意购买，请问您现在打几分？

顾客：_____

业务：如果要达到 10 分，有哪些地方需要更好，才会让您想要马上拥有这个产品？

顾客：_____

Part 4 十大快速成交秘技

业务：是不是_____
_____

（解决上述问题）后，您就会马上做决定？
顾客：_____
业务：是不是_____
_____

（解决上述问题）后，您就会马上做决定？
顾客：_____

裕峰老师's show time

-10 到 10 成交法的背后，更是一套提升自己服务的测试。你可以多方尝试，究竟要退到哪一层底线，顾客才愿意买单？不论成功或失败，将自己使用这套成交法的过程记录下来，你会发现，自己更能拿捏客户的整体成交心理。

成交，就是这么简单

Unit 02 沉默成交法

日本推销专家原一平曾拜访一名司机。这位司机坚决认为自己绝对不会向原一平购买人寿保险，他之所以与原一平见面，只是因为原一平有部可播放彩色有声影片的放映机，这在当时是相当珍贵罕见的，这位司机从来没见过，所以才愿意与他见上一面。

会面的过程中，原一平播放一部介绍人寿保险的影片给司机看，影片在最后提出了一个问题："它，将为你和你的家人做些什么？"然后嘎然而止。影片结束后，两人都静悄悄地坐着不说话。现场沉默三分钟，原一平始终不动声色，而司机内心却经过一番天人交战，静谧的气氛让他不断思考影片内容。终于，司机开口对原一平说："现在还能参加这种保险吗？"

结果，原一平成功签了一份上万元的保单回家。

沉默 30 秒，谁先开口就输了

大部分的业务员在客户不讲话的时候，为了掩饰自己的慌乱，常常自乱阵脚，不自觉地一直试图暖场。顶尖业务员刚好相反，他不会主动开口说话，打断顾客的思路，因为他知道，在这个沉默的时间中，客户正在思考："我到底买还是不买？"

在你说明产品以后，适时的沉默，表面上好像把决定权交到客户手上，但是这段沉默的时间，对顾客而言，他所承受的压力绝对比业务员来得大，极少数的顾客，能够保持沉默超过两分钟。

因此，在临门一脚之际，讲太多话是不可能成交的。最好的方法就是客户不说话，你也不可以说话，就在旁边静静地等待他，但要切记，不可流露出慌张的情绪。静默至少要维持30秒的时间，且设法让客户成为第一个开口说话的人。只要沉默时间拿捏得好，你就成功了。

化解沉默的尴尬

一般来说，沉默持续的时间愈长，顾客同意购买的可能性愈高。不过需注意的是，在这个时候，尽管只是几秒钟的沉默，潜藏的压力却会让人感觉已经过了几分钟；几分钟的沉默则让人感觉好像已经过了几小时。也就是说，沉默的时间过长，效果只会适得其反。因此，如果双方僵持的时间超过3分钟，以致整个场面无比尴尬时，就要想尽办法来活络僵化的气氛。

例如刚好碰到比你耐心一百倍，或始终不愿打破僵局的顾客时，你可以这么说："我妈妈曾经告诉我说，沉默就是代表同意，这是我第一次感觉到这好像还挺有道理的。让我们来完成一下手续吧！你只要在这里签个字，剩下的事情交给我来替你处理！"

或许客户会觉得你在开玩笑，然而你的态度却又如此认真而从容！有需要时，也可以说一个笑话来化解僵局，总之，让

成交，就是这么简单

客户笑是很重要的一件事，客户笑了就容易成交，只要化解客户的防备之心，一切都会往好的方向进展。

15 分钟成交 note

练习自己的"沉默"能耐，同时暗中观察能否不看表、依然掌握到约略的时间。

沉默时间	10秒	20秒	30秒	40秒	1分钟	2分钟	3分钟
练习完成（√）							
完成日期							

裕峰老师's show time

沉默成交法并不是看谁比较会忍耐，而是在较量两人的从容程度。这需要长期训练——尤其是个性急躁的人，因为他们往往会因受不了僵局而自己先开口暖场。

Part 4 十大快速成交秘技

Unit 03 物超所值成交法

在销售的过程中,"价格"是顾客最关心的话题。每个顾客都会挑剔价格,只不过,顾客挑剔的或许不是价格本身,而是与价格相关的其他因素,例如产品的质量(如此质量值得这样的价格?)、服务态度(业务的服务态度值不值得我付这个价钱?)、优惠(提供的优惠让我觉得价格够划算)等等。

因此,遇到跟你斤斤计较价格的顾客时,不需要和他争辩,相反的,应该感到欣喜。因为,只有在客户对你的产品感兴趣的情况下,他才会关注价格。只要你让他觉得价格符合产品的价值,甚至超越其价值,那么,成交机会自然大增,这就是"物超所值成交法"。使用方法请见以下三个步骤。

1. 反问价值

当顾客咄咄逼人,一直在"太贵""买不起""值得吗?"等话题绕来绕去,你可以反问:"先生／小姐,请问您是否曾经不花钱就可以买到东西?"当然赠品不算,我指的是"买"到东西。

"买东西当然要花钱啊!"一般顾客会这么回答。

于是业务员可以接着再问:"那么,您曾经买过任何价格便宜,但质量却很好的东西吗?"

通常顾客会侧头开始回想，这时，你要耐心地等待他的回答。他可能会承认没有，也可能从来就不期望他买的便宜货能有多高的价值。即使顾客坚持曾买到物美价廉的产品，应该也是极少数。

2. 讲道理

此时你可以和他分享买到便宜货，结果在紧要关头出糗的经验。例如我有一位女性朋友就曾悔不当初地提到，稍早因为贪便宜，在路边买了三双非常好看的高跟鞋，后来出席一场婚宴时，鞋跟却在走向新人敬酒的途中断裂，当场窘到想钻入地面。

说完自己的经验，再问对方："您是否觉得一分钱一分货很有道理？"

"一分钱一分货"是买卖最伟大的真理，当你用这种方式来引导时，顾客几乎都会同意你的说法。

在日常生活中，不可能不花钱就能买到东西，也不可能用很低的价格却买到很好的产品，想想你每次为了省钱而去买便宜货时，是不是往往悔不当初？

3. 提供最好的交易条件

最后，你可以用这些话来作为结尾："我们的产品在这个竞争的市场中，价格是很公道的。我们可能没办法给您最低价格——而且您也不见得想要这样，但是我们可以给您目前市场上这类产品中最好的交易条件。"

以价格高低决定是否购买，结果却不一定划算。没有人愿意为了一项产品投资太多金钱，但有时投资太少，也有它的问题所在。投资太多，最多损失了一些钱；投资太少，却可能要付出更多劳力、补偿或懊悔。在这个世界上，很少有机会用最少的钱买到最高质量的商品，这就是经济学的真理。

十倍价格测试法

如果顾客还是踌躇再三，你可以这么圆场："先生／小姐，多年来我发现，要精准评估、确认某项产品的价值，就是看它是否禁得起十倍测试的考验。"

比如说，你可能在房子、车子、珠宝及其他能为您带来乐趣的事物上，各投资了一百万元。之后，也的确拥有了这些东西。但真正拥有之后，你可以肯定地说房子（或车子、珠宝）带给你的价值，真的值一百万？假如要你付出十倍的价格——也就是各拿出一千万来换取房子／车子／珠宝，你愿意吗？

然而，当你投资一百万在健康咨询上，不仅身体得到大大改善，外型也完全改变，进而提升了自信心，甚至让收入倍增。以上总值已经超过一百万，因此你会愿意付出十倍价格来拥有它。换句话说，当你拥有某产品一段时间之后，发现它对你造成的改变，使你愿意付出十倍的价格来拥有它，那么就可以证明这项产品"物超所值"。

总之，让你的客户知道，你的产品绝对"物超所值"，只要他想通这一点，他就知道把钱花在不会赚钱的地方，是错误的决定，是一种浪费；而物超所值的产品，将让他获得十倍、百倍的收益。

成交，就是这么简单

15 分钟成交 note

写下你的产品三大"物超所值"的地方。

(1)第一大"物超所值"：_____

_____

(2)第二大"物超所值"：_____

_____

(3)第三大"物超所值"：_____

_____

裕峰老师's show time

　　金钱是一种价值的交换，你一定要塑造出自己产品的价值，假如你的产品真的有这种价值的话，就可以采用"十倍价格测试法"让顾客反思。

Unit 04 少喝一杯咖啡成交法

每个消费者都想要少掏一点钱出来，却想买到拥有最大收益的产品。要让付钱的数目变小，必须使用"除法"；而让顾客收获的感觉极大化，则要使用"乘法"。

案例一

李太太，这项健康食品的投资一年是 40900 元，平均一个月 3400 元，一天只要 113 元，比一杯星巴客咖啡还便宜！你只要少喝一杯咖啡，今天的投资就有着落了。（付出极小化）

此外，以少于一杯星巴客咖啡的价格，却换来进军国际市场、代理优质产品的机会！还可以让你环游世界，实现梦想；让家人过得更好更健康！这样的商机应该值得把握，不是吗？（收获极大化）难道你会为了省 113 元，放弃赚 5 栋房子或 5 辆车子的机会？

案例二

陈先生，这份保单很划算，你看保费平均一天只要 80 元（28800 元 / 12 个月 / 30 天），跟一个便当的价格差不多。（付出极小化）保费虽然便宜，但却拥有 100 万的保障，而且每三年还可以领回 10 万元，如果领到 90 岁，总共可以领到 200 万！（收

获极大化）

案例三

《如何成为销售冠军》的课程是40000元，假如从这个课程所学到能力，能让你使用5年的话，那么平均算下来，40000／5年／12个月／30天，一天大约只要20元。（付出极小化）

20元连坐出租车、买一杯星巴克咖啡、吃一盒便当都不够。但是一天只要投资20元，就可以让你学到说话的技巧，这锻炼的可是把钱收回来的能力；可以让你实现梦想、月入百万、买房子、车子……想想看，你不会为了这20元，而让你少了几间房子、几台车子吧？（收获极大化）

将投资额细分到每一天

任何有关钱的问题，我们都要把它细分到每一天的投资金额。当顾客说："你们的健康食品比较贵……"你应该问他："比别人贵多少？"如果顾客回答："贵了200元。"

你要反问他："那么这个健康食品你吃多久？"倘若顾客回答："至少用半年。"

那么接下来你可以问："所以，每天平均多了多少钱呢？是不是只多了1元？"

如此，你就可以顺势引导他："那么你愿不愿意每天多投资1元，来获得真正对您有帮助的产品？你是否愿意让这个产品帮助让您的皮肤更健康、更美丽、更有光泽、更有弹性？"

当你懂得活用这个概念时，你就很容易解决钱的问题了。

Part 4 十大快速成交秘技

15 分钟成交 note

1. 先看一个例子

【例】产品：可以载全家人四处出游的房车				
使用时间	20 年（使用年限）	一年	一个月	一天
价格	80 万元（总价）	4 万元	3334 元	112 元

【话术】您只要平均每天投资 <u>112</u> 元。就可以拥有一台<u>载着全家人出游的豪华房车</u>。

2. 填入你的产品名称、使用年限、总价，计算一年、一个月、一天所需价格。

产品一：				
使用时间	年（使用年限）	一年	一个月	一天
价格	元（总价）			

【话术】您只要每天多花____元，就可以拥有_____。

产品二：				
使用时间	年（使用年限）	一年	一个月	一天
价格	元（总价）			

【话术】您只要每天多花____元，就可以拥有_____。

成交，就是这么简单

裕峰老师's show time

聚沙成塔，积少成多，将成本分散到每一天，除了减轻顾客心理上的压力，更是一种"每日储蓄""每日节约"的提醒。

记住，用"除法"让客户的付出感极小化；用"乘法"让客户的收获感极大化！

Part 4 十大快速成交秘技

Unit 05 长方形成交法

面对不同类型的客户，要使用不同的说话技巧。而对于第一次见面或不甚熟悉的客户，要用什么方式应对？

有一种简单的心理测验，能初步了解顾客的个性与特质，掌握此特性即可加速成交时间，这就是"长方形成交法"。

刚见面时，你可以对眼前的客户说："我最近在研究一个心理测验，想请您玩玩看准不准！"

然后将预先准备好、画有下面三个图形的纸张（或电子银幕）show 给他看，问："不用思考太久，请问您在第一时间觉得这三个图形有什么不同？彼此间有什么关系？"

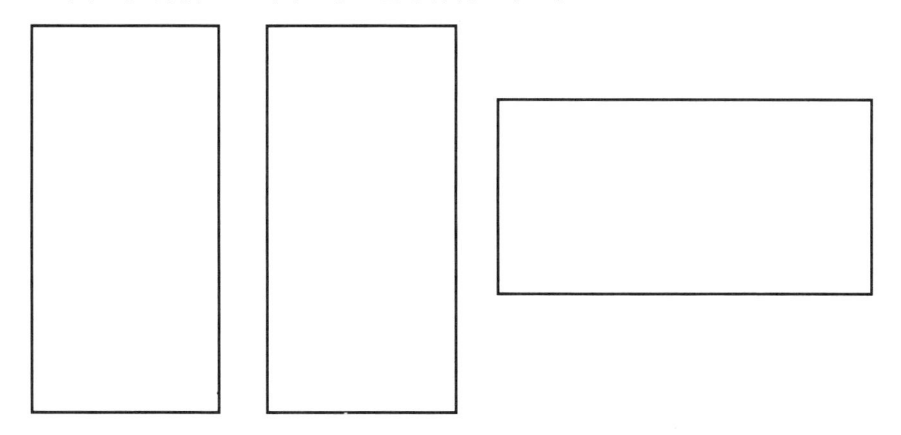

针对不同的回答方式，测验结果将人分为四种类型。接下来，

你要具备两套思路，展开"明""暗"两种行动：一边是将心理测验结果解释给客户听，甚至还给他一些"好运建议"（明）；另一方面，暗暗确认他是哪一类型的客户后，开始施展你准备好的四套话术其中一套（暗）。

📖 给客户的心理测验结果

纸张（或电子银幕）上显示的三个图形，无论从哪个角度看，都是三个长方形。实际上，三个图形大小、线条粗细都相同，只是两个垂直放置、一个水平放置。

但即使如此，每个人在第一时间对图形的观察重点都不一样，因此会产生不同的感觉。

你可以针对顾客的回应，将他们归类为 A ~ D 四类型人，再将下方表格的分析内容与他分享。

若顾客回答："没什么不同。""面积好像差不多。""三个有差吗？""不都是长方形吗？"，那么他属于 A 型人。

若顾客回答："有两个是直的，有一个是横的。""有两个是一样的。""有一个跟其他两个不一样。"，那么他属于 B 型人。

若顾客回答："有一个长方形好像歪了。""有一个线条比较粗。""有一个好像比较大。"，不过最后还是说："三个图形其实很类似。"那么他属于 C 型人。

若顾客有点失去耐性，直接回答："这是哪门子游戏啊！""三个图形根本没有关连！"，那么他属于 D 型人。

	给顾客的分析	好运建议
A 型人	您是个随和的人，与任何人都能成为好友。但习惯使用固定的物品，较少尝试不熟悉的领域。	尝试挑战不熟悉的事物，生活中将更见惊喜！
B 型人	您是个感性的人，对于合得来的朋友相当讲义气，容易成为小圈圈的领导者。	将交友圈子扩大，能够结交到更多类型、具备各项才艺的朋友。
C 型人	您是个相当理性的人，能敏锐发现事物的变化。认为凡事皆有例外，即使遇到好事也会立即想到反面损益。	维持理性思考的部分，再多放点感情，会让更人觉得温暖体贴。
D 型人	您是个具备批判性思考、头脑清晰锐利的人。对于没有意义的事情不加理会，专注于自己喜爱的事物上。	看来无聊的事物也可能有其意义，以轻松一点的态度生活，将更为惬意！

一般人对于心理测验并不排斥，通过小游戏，很容易让人放松心情，并拉进彼此间的关系。即使顾客跟你抱怨最终的分析不大准确，您也可以用讨论的方式，询问他的看法，并逐步修正这个小游戏的分析结果。但别忘了，这个测验的最终目的，是要理解对方适合用什么话术，才得以成交，所以重点在下方的"四套话术"。

给业务的四套话术

以下的内容，业务应私下记住，绝不要让顾客发现你在分析他，这是非常失礼的！

经过上段分析，你大略可以知道 A 型人、B 型人、C 型人、D 型人的个性。针对他们不同的特质与思考模式，可以采取适合他们的推销模式。

A 型人：配合型

看着三个长方形，回答"没什么不同"的配合型顾客，其实没什么主见，容易受到他人影响。

但有时 A 型人也会被自己的主要感觉左右。例如横摆在他眼前的四个物品，如果三个他都觉得不错，其中一个没什么感觉，那么他会说"整体都不错。"但若有一个觉得不好，其他三个没什么感觉，他就会认为全部都不好。不过，只要旁人提出意见，他们也容易产生认同。

虽然 A 型人不怎么坚持意见，在使用物品方面却不喜欢太大变化，所以经常使用同样厂牌，或同类型的东西。

面对这类顾客，要善用他"易受人意见影响"的特质。你必须先给他一个愉快的购买经验，而这项产品也要是他一直以来熟悉的类型。当你不知道他究竟喜欢哪类产品，可以这样问："你有没有买过一个不错的产品，总是让你感到满意呢？""为什么这项产品让你如此满意？"

而在介绍自己的产品时，不忘强调："我们的产品就跟你以前买的那个一样好，当你买回去之后，你同样也会满意。"

B 型人：同中求异型

面对三个长方形图，首先分析出两个是一样，表示这类顾客看事情时习惯先看相同点，再看不同处。换句话说，他们最常思考的是"这些东西的差异点在哪里？"，这就是 B 型人的特色。

处理事情时，B 型人会先进行整体比较，然后将同类聚集，异类分离。他们对于熟悉的、志同道合者可以很快释放出善意；遇到陌生的、感觉不搭的事物他们则会立即筑起一道防线，小心翼翼地交涉面对。所以若顾客为同中求异型，一定要先称赞他，让他放下敌意，例如："先生／小姐，您真的很有眼光，来到我们的保险公司。"

若你发现对方反应冷淡，要利用他善于比较的能力，这么说："我知道你一定也在考虑其他公司的保单。目前跟我们公司推出类似保单还有甲公司，它们的保单也很棒，有三大优点……但我们公司还有一些是甲公司所没有的优点。"

先说完甲公司的优点，再列举说明你的产品更具优势之处。甚至你可以退一步这样说："我诚恳地建议您，假如今天因为价格的关系，你没有跟我们保险，我绝对建议你去购买甲公司的保单，因为它的确是市场第二好的保单。"

C 型人：异中求同型

先看不一样之处，再看一样的点，这就是 C 型人的特色。

人的视觉往往不一定可靠，即使三个相同的东西，看久了也会觉得不一样。但能在相同的东西中感受到异样的人，个性一定非常仔细，且充满猜疑之心。这类型顾客不相信绝对的事，也不相信完美。

总是认为凡事皆有例外，持续思考着另一个面向。因此，你愈有信心地介绍产品，他就愈不购买，故意与你唱反调。

面对这类型顾客，话不可说得太满，可以视状况地自嘲一下："我们的产品有百分之五十以上的顾客觉得有效，但有时候也有例外。另外那百分之五十使用之后还是觉得不太满意，我也不知道为什么。"因为当你这样讲的时候，此类型的人反而会觉得你很客观，成交机会自然提高。

D型人：拆散型

不喜欢把时间浪费在没有意义的事物上，就是D型人的特色。这类型顾客感官异常敏锐，有时说话带刺，他会不断找你话中的漏洞，或专注于你产品的缺点。由于他永远看到缺失与漏洞，因此必须用"激将法"。

当你说："我想你不需要这个产品。"他反而会跟你说："我需要"。

当你说："你不必使用，别人使用就可以了。"他会说："我就是要用。"

总之，对于迟迟无法成交的客户，你可以试着跟他玩这个长方型的心理游戏。或是你干脆把这三个长方型印在名片后面，顾客看到了一定会产生好奇心，问你这三个长方型是什么意思？那么测验就开始了！

Part 4 十大快速成交秘技

15 分钟成交 note

为自己设计一套针对四类型客户的销售话术。

	销售话术
A 型人	
B 型人	
C 型人	
D 型人	

裕峰老师's show time

有些人不会跟你讲真正的答案，因为他要先看看、先观察你在做什么，甚至故意骗你，让你产生误判。而这个必须靠长年的训练才能分辨，只要纯熟度够了，自然可以轻易判断顾客的类型。

Unit 06 3F 成交法

在与顾客沟通的过程中，难免会有一些冲突或阻碍，比如被抱怨产品价格太贵、合约的条件不好，或是他从别人那里听说你的产品有缺点。遇到这种情况时，就要使用 3F 成交法。

3F 成交法亦即：先表示理解客户的"感觉"（How You Feel），接着再举一些事例，说明其他人刚开始也有如此类似"感受"（How Others Felt），但在他们使用产品之后，才"发觉"这项产品非常值得（They Finally Found），还好有买下来，没有被其他人错误的意见所左右。

举例来说，如果客户抱怨产品价格太贵，你要先诚恳地表示了解他的不满，接着把别人的经验一点一点地分享出来，说明其他人最后发现我们公司产品是如何的"物超所值"，逐渐改变客户对产品太贵的感觉，消除客户购买的障碍。通过这样的过程，客户抱怨的心情就会逐渐缓和下来。

错误示范

如果你一开始就采取敌对的态度，对客户说："你认为我们公司的产品贵，但我觉得一点都不贵。"或是当客户抱怨："你们公司的产品质量实在有够差。"而你马上顶回去："如果我们公司产品质量算差，那市场上就没有好产品了。"

这样敌对下去，一定没有好结果。

表示"理解"对方的话术

相反的，如果你说："王大哥，您说我们开课时间过长，我了解您的感觉（How You Feel）。我们有一家首次配合的企业主管，也曾经说为何要连续开课六周，且时间都在早上（How Others Felt）。但是后来他们的员工经过培训之后，发觉早晨上课状况最好，且两个月后业绩提高了三倍以上，才体会到这套培训的独特之处（They Finally Found）。这样您应该没有其他顾虑吧？"

或者是："陈总，您说价格太贵，我理解您的感觉（How You Feel）。刚开始某某公司的王总也认为价格可以再压低一成（How Others Felt）。但使用过我们的产品后才发觉，这套产品对他自己和家人的健康非常有效，简直物超所值（They Finally Found）。您何不买一套先试试？"

又或者："刘大姐，您担心会受骗，我了解您的感觉（How You Feel）。我刚开始也觉得这是一般的传直销（How Others Felt），但后来我去研究才发觉这个制度比一般的传直销好上百倍（They Finally Found）。所以您明后天或者哪天有空，可以一起过来研究？"

带着微笑，表示能够理解对方，是非常温暖的做法。不要被客户的情绪影响，从容悠然地聆听他心中想法，真实诉说过去经验，一定能打动他！

成交，就是这么简单

15 分钟成交 note

针对你的产品，设计一份 3F 话术，作为你的产品被质疑时的准备。

我的产品是：_____。

可能被抱怨的地方有：_____。

	你的话术
How You Feel	
How Others Felt	
They Finally Found	

裕峰老师's show time

每个人都不喜欢自己的想法被反驳，所以当顾客提出反面意见时，你第一步先是认同他，之后再以其他人的成功经验来说服他，如此沟通才能在愉快的氛围下进行下去。所以 3F 成交法，是一种可以让客户喜欢你的成交法。

Part 4　十大快速成交秘技

Unit 07　FABE 成交法

顾客买东西不外乎是要从中得到利益、好处，因此巧妙处理顾客关心的问题，不需要催促，他也会主动买单。FABE 成交法也可以说是"利益推销法"，亦即利用特点（Features）、优势（Advantages）、好处（Benefits）和证据（Evidence），协助顾客更清楚了解商品的强项，进而愿意花钱投资。

Features 指的是产品众多基本资料当中，最具特色的部分。通常可以指产品的原料构成、成分、来源、规格、构造、性能、外观款式、色泽味道、包装、品牌、送货、安装、用途等方面。例如："这件衣服的特点就是质料舒适通风，即使夏天流汗也绝不会不舒服。"

Advantages 则是产品在同类商品当中，特别突出的点是什么？比起其他厂牌，更能做到什么？例如："这个保险项目与其他的绝对不同，一份保单就囊括意外险、医疗险、储蓄险三项。"

Benefits 重点在强调顾客所能得到的利益与好处，它可能是无形的，却是能带来幸福的。因为人们最想知道，他们"为什么"应该购买？目的为何？例如：赢、成就感、成功、快乐、幸福、自尊、时尚感、卫生、简单、快速、热忱、热情、社会地位、健康、自信、自由、爱、关怀、安全感、帮助人、被认同、成长、省钱、升职、省时、省电、财富、友谊、名声、好玩、勇气、发展性、信仰、影响力、学习、实现梦想、变年轻、变漂亮、变瘦等。

Evidence 则需要事先准备，包括技术报告、顾客来信、证明书、样品报刊文章、照片、示范等。因为证据具有足够的客观性、权威性、可靠性和可见证性，拿出证据，就能提高顾客的信任感。

简单来说，就是以下四个步骤：

◎第一步：找出顾客最感兴趣的产品特点。（F）
◎第二步：分析这项产品胜过其他产品的优势。（A）
◎第三步：找出产品能够带给顾客的利益。（B）
◎第四步：最后提出证据，证实该产品绝对能带给顾客实质利益。（E）

所以你可以通过这四个步骤来构筑成交话术："本产品的特点是……且优势在……拥有它之后……，这里是……的证明。"

以"健康食品"为例，你可以运用的话术如下：

F（特点）	本产品的特点是采用黄金比例的顶级成分。
A（优势）	很多营养补充品都是瓶瓶罐罐，而这瓶健康产品的优势"只要一瓶"，就把所有人体需要的营养素 All in one，不再需要瓶瓶罐罐。
B（利益）	拥有它之后能更快速补充全方位的营养，又可以更省时和省钱，照顾自己和家人健康。
E（证据）	我们有提供产品成分说明书，以及通过各项机构的检验报告给您参考，让您能够放心食用。

以"奶粉"为例，你可以运用的话术如下：

Part 4　十大快速成交秘技

F（特点）	我们的牛奶产地，来自纽西兰天然绿色牧场，乳源来自高免疫健康乳牛，绝对无污染。
A（优势）	奶粉更添加了一般牛奶没有的脂肪酸DHA，这是人体必需脂肪酸DHA，所以对脑细胞的发育很有帮助。
B（利益）	小孩脑细胞的发育非常重要，喝了以后可以帮助提升智力，让小孩学习更快、更聪明。
E（证据）	这牌子的奶粉已经通过检验，上面有合法检验标记，您也可以上网去查证。

以"洗衣粉"为例，你可以运用的话术如下：

F（特点）	牌超浓缩洗衣粉，不含任何杂质或化学成分。
A（优势）	只要一点点用量即可洗净衣物，同时在洗过的衣物上不会留下洗衣粉残留物。
B（利益）	使用这样的洗衣粉，不但省钱而且安全卫生。
E（证据）	除了通过国家检验认定，我这里还有100人的试用体验，您可以看一下。

没有人愿意花钱购买不实用又毫无特色的商品，要想让自己的产品在同类品项中脱颖而出，使用者的证言就是其关键。因此，即使是已经消费的顾客，也必须随时关注他的使用状况，若他的反应为负面，可作为改善的意见，如果是正面，那就成为你卖给下一个人的证言了！

成交，就是这么简单

15 分钟成交 note

为你的产品写下"FABE"，同时让自己倒背如流。

F（特点）	
A（优势）	
B（利益）	
E（证据）	

裕峰老师's show time

介绍自己的产品时，倘若从 FABE 四方面，都说服不了你自己，如何打动顾客？因此一定要精心琢磨出介绍自己产品的超强话术。

Part 4 十大快速成交秘技

Unit 08 时间线成交法

每个人经历的时空都会连接成一条"时间线",也就是过去、现在、未来,会持续不断地交互影响着。过去作的决定将影响现在,现在这一刻的想法也势必影响未来;而当现在这一刻改变了,过去所作的那个决策,在你心中的意义也会猛然提升。

由于人的想法、生活都不断在改变,"过去"不需要,不代表"现在或未来"用不到。你只要让顾客知道这件事情,为他营造、模拟一个仿佛亲临现场的情境,就等于使用了"时间线成交法"。

销售人员在运用"时间线成交法"时,要具备"说故事"的技巧。因为对于尚未发生的事情,必须使用想象力、也必须确信自己展品的效果与力量。当客户犹豫是否购买时,你要告诉他在未来多长时间内,这些产品或服务能够带来怎样的利益和好处,让他去思考拥有后的美丽蓝图。举例来说:

◎先生/小姐,您购买了这款跑步机后,只要坚持每天快走或慢跑40分钟,3个月就可以瘦5~10公斤,坚持一年,就可以达到您理想的身段。想象一下一年后,您穿上剪裁合身的服装,看起来高挑、没有小腹的样子……

◎先生／小姐，这款手机最大的优势就是像素高，下次您和家人或朋友去旅行的话，完全不必带沉甸甸的相机，只要携带这支轻巧的手机，就可以将最美好的一刻拍下来。

◎先生／小姐，请想想看，如果您选择这个窗框，等到明年春天，您站在窗子旁边享受阳光，整个房间既明亮又温暖，您可以清楚地看到窗外，家人们正在草地上玩耍，他们开心极了。那时相信您就会意识到，当初购买这个窗框是一个多么明智的选择，您说呢？

不，我不需要

销售员最常遇到的状况，就是客户会说："我不需要你们的产品。"这时，记得将这句话放进"时间线成交法"来思考、转折。如同本单元强调的：人的想法、生活都不断在改变，"现在"不需要，不代表"未来"用不到。

情境一

客户："很抱歉，我不需要你们的产品。"销售员："先生，您是说'现在'不需要我们的产品是吗？"客户："没错！"

销售员："但或许在某些情况下，您会在第一时间想到我们的产品。"

说完这句话，或许就能引发客户的好奇，让他们进一步去思考，究竟是在"哪些情况下"会需要这款产品。只要触动客户的思考机制，你就拥有继续与他对话的机会。

总之，要让眼前的客户"愿意听你说话""愿意和你对话"，这样就能逐步让他了解产品的好处。另一方面，当客户说"我不需要"时，业务员要高瞻远瞩，率先帮他想到他未来可能的需要。

情境二

业务员："林先生，您好，请问您参加过培训课程吗？"
林先生："只是听说过，不知道培训效果怎么样，所以也没有参加过，我现在应该不需要。"
业务员："是这样的，林先生，我们公司提供的这套培训服务，目的在指导和帮助客户认识自己在未来三十年内的职业发展路线，同时也协助您掌握自己的财务收入、健康状况、人脉关系等，等于是全生涯的规划与分析。林先生，不知您对我们这项课程是否有兴趣呢？"
林先生："嗯，感觉挺有意思的，你能再详细介绍一下吗？"
业务员："好的，林先生，您可以想象一下，假如接受了这项培训服务，您可以累积更优质的人脉资源，也会对自己未来一年、五年、十年的职业生涯有一个更明确的规划。只要您有明确的职涯目标，而且拥有一定的人脉，就能实现稳定的事业发展和财务增长，给您的家人带来更舒适的生活，林先生，您觉得这项课程如何？"
林先生："可以考虑，申请表格和课程简介给我看一下。"
或许他不会马上接受，但是愿意进一步了解课程信息，成交的机会立即提升。

不要再忽视你的痛苦

每个人都有自己的烦恼与痛苦，一般人在大多数时间，都会选择避开自己的痛点。然而逃避并非解决问题的方法，有时业务员需要逼迫顾客去正视他的痛苦，如此一来，才能真正帮客户解决问题。但这是一种相当高明的引导，业务和客户间必须具备一定程度的信赖。倘若素昧平生，一见面就逼对方正视他的痛苦，可能会遭到讨厌。

此时运用的"时间线成交法"，是从"过去"→"未来"→"现在"三阶段来引导。

1. 检讨过去

从客户现阶段的问题与困扰切入，婉转告知就是因为过去不当的决定，才造就现在的痛苦。但不要一下子就指出他本身的问题，而是先从其他人的例子切入，例如：

"我有一位客户，他们公司在客户资料管理方面很不小心，尤其忽视保密问题，又迟迟不愿意面对，导致客户流失得很严重，甚至差点倒闭。"

"我一位远房表姐年轻时不注意饮食和保健，导致过了30岁就开始发胖，到现在都很难瘦下来。"

用别人的例子作为铺陈，然后点出客户的问题所在，甚至去放大他的痛苦：

"您公司现在的业绩下滑，管理方面出了问题，这是因为公司在一开始创立时就没有建立制度！"

"过去您因为没有好好照顾自己和家人健康，损失了不少对吧！看到家人因而生病而痛苦，还要花钱看医生，您心里很不好受吧！"

2. 展望未来

戳中对方的痛处后，再接着安抚他："一切都来得及，只要现在改变，一定会变得愈来愈好。"然后通过描述，让对方体会到实现目标之后的感觉。其实就是在对方的潜意识中描绘一幅诱人的场景，注入满足感和幸福感。例如：

"只要建立这套管理系统，能留住客户，提升业绩，员工的福利也可以增加。想想不用再为发不出年终奖金而困扰，是多么棒的事情啊！"

"只要现在开始调养身体，全家人一起健康起来，不但可以断绝医疗费用支出，明年起还可以带着全家一起去游山玩水，多好啊！"

3. 改变现在

展望未来之后，一定要从现在开始改变，因此接下来就可以好好介绍你的产品。介绍产品的话术，前面的章节都说过了，此处不再赘述。最后，别忘了再次提醒客户"拥有这项产品，可以获得什么好处"，以此来结束你们之间的对谈。

15 分钟成交 note

运用想象力与说故事技巧，描绘一个"拥有你的产品后"美丽

成交，
就是这么简单

的未来蓝图。

裕峰老师's show time

过去你可能因为不懂得成功致富的方法、服务顾客的方法、说服和谈判、销售和成交的技巧，导致亏损许多钱，但这些都已经是过去的事情。过去不等于未来，只要改变现在，想象未来要达成的结果，告诉自己："我再也不要损失这些钱了。"拼命学习并多加运用，业绩一定大幅提升。

Part 4 十大快速成交秘技

Unit 09 无人可拒绝成交法

有些客户完全不会跟你客气，直接明白地说"我不要！"，而且可能也不准备交代原因，甩头就走。

身为业务员，早晚都会遇到这类顾客，所以做好心理准备很重要，以免遇到时愣在原地无法动弹，除了场面尴尬，内心也十分受伤。

但最高明的业务员，不会容许顾客对他说"不要"。在"不要"两个字出口之前，早就使用"预先框视"的模式，转换顾客的思维。当他发现"拒绝你"＝"拒绝美好的事物"，对于要不要使用"拒绝"来对付你，他已经开始犹豫不决了。

预先看到"拒绝"

"预先框视"即是从对谈内容和表情变化，你察觉到客户好像快要拒绝你了，你仿佛预先看到了被拒绝的画面，因此你要赶紧抓住时机这样说：

"林先生／小姐，在这个世界上有很多销售人员在推销产品，他们都有很好、很具说服力的理由，相信已经有不少人要您投资他们的产品或服务，对吧？"

"当然，您可以向任何推销员说不，但是以我在这一行的专业，没有人能真正拒绝我，因为他们拒绝的不是我这个人，而是拒绝了那些美好的事物，他们拒绝的是能赚更多钱的机会，他们拒绝的是能有更多时间与家人、爱人相处的机会，还有能够环游世界的机会，我怎么忍心让你拒绝这些美好的事，您说是吗？"

如果在他的梦想当中，渴望追求美好的事物、渴望赚钱、渴望拥有更多时间与家人相处、渴望环游世界，那么，他就会转换思维，想更进一步听听你究竟能提供什么服务。

我要考虑一下

那么，如果顾客说"我要考虑一下！"，你又要如何回答？

你可以说："某某先生／某某女士，很明显的你不会花时间思考这件事，除非你对我们的产品真的很感兴趣，对吗？"

"我的意思是，你说要考虑一下，不是要躲开我吧？"

"因此，我能假设你会很认真地考虑我们的产品，对吗？"

"那我来了解一下，你需要考虑的是什么呢？是产品的质量，是我们的售后服务还是公司的形象？还是我漏讲了什么事情？"

"说真的，有没有可能是钱的问题？"事实上，能否成交大部分都是钱的问题，如果此时客户明白指出是钱的问题，你可以说："太棒了，钱的问题是我最喜欢的问题。"

这时你就可以给他一个微笑，并且使用"少喝一杯咖啡成交法"，轻松解决这个问题。

记住，不要"一拖拉库"拼命说，记得留下让对方回应的时间，你一定要比他从容。到最后一刻还心平气和的人，就是赢家。

Part 4　十大快速成交秘技

15 分钟成交 note

顾客快要拒绝你之前,在各方面一定会有些什么征兆。好好观察,并记录在下面。

眼神	
说词	
坐姿	
小动作	
呼吸	
表情	

裕峰老師's show time

想要不被客户拒绝,需要一段时间的自我锻炼。不要害怕失败,即使被拒绝,也要仔细观察整个过程,记录下原因,作为自己下一次"成交"的借镜。

成交，
就是这么简单

Unit 10 回马枪成交法

回马枪是古代一种相当厉害的枪法，趁对方不注意时冷不防地攻击，让敌人自己朝着枪茅冲上来，可以说是必杀绝技。

金庸大师的《射雕英雄传》里，杨铁心家传的绝技——杨家枪，就有"回马枪"这一招。

当然，客户并不是敌人，这只是一种比喻。

万一你使出浑身解数，还是无法说服对方，那么可以"假装战败，再回马补一枪"。

具体来说，你先放下之前所有成交辞令，表现出"今天不成交一点都不要紧"的模样，此时客户会卸下心防，而这时你再提出问题时，就可以问出他不接受产品的真正答案。

例如你假装赶时间要离开了，一边收拾公文包，一边对眼前的客户说："今天无法让您使用我们产品有点可惜，不过没关系，交了您这个朋友我非常开心，希望以后我们还有机会合作。"然后往外走，让客户觉得今天的拜访已经结束。快走到门口时，突然再返回客户面前，一脸诚恳地请教客户。以下举两个例子。

◎ 我从事这个行业不是太久，我想我一定有哪些地方没有做好，要不您早就成为我的客户了。我不想再犯同样的错误了。您可以帮我一个忙吗？告诉我，到底我哪里做不好，还是哪里做错了，请给我改进的机会好吗？

◎因为我想让下一个新客户更清楚了解我们公司和产品的信息，所以想麻烦您告诉我，我哪方面没有说清楚？或是您有什么特别顾虑的地方（其实就是他真正不买的原因）？

许多时候，客户会下意识说："价格太贵了。"原来客户可能怎么也不肯说出不买的原因，但一使用"回马枪成交法"，就可以"套出真相"。

如此询问，一方面会让客户觉得你很谦虚，至少值得交个朋友；另一方面，也是为自己创造再一次的成交机会，下次若真的有需要，客户会选择愿意自我反省的业务员。

使用"回马枪成交法"看似在请求对方，其实正在为下一次"成交"铺路。

15 分钟成交 note

1. 草拟自我专属的"回马枪"谦虚辞令。

_____

_____

_____

_____

成交，就是这么简单

2.使用完"回马枪成交法"，请记录下顾客不买的真正原因。

_____
_____
_____
_____
_____
_____
_____
_____

裕峰老师's show time

使用"回马枪成交法"时，可以边收东西边向对方道谢，但不要收得太快，还有千万不要真的走出去，不然就回不来了。总之，要让对方觉得你并不想勉强他购买，纯粹只是想知道自己在哪方面可以做得更好！

Part 5

超越巅峰见证

谁说年轻不能成功？
看这些怀抱梦想、勇于挑战的青年，
稳健开创属于自己的未来。
而我的梦想，
是造就更多的"他们"。
加入我们吧！

成交，就是这么简单

Unit 01 学员的成交法应用

多年来，直接参与"超越巅峰"课程，或是通过公司内训接触我们课程的学员，已经超过一万人！遍布各行各业的业务员、营销人员，在课程中寻找到最适合自己的养分，彻底吸收后，转化应用在自身职场上，因而大大提升成交率。

我特地遴选了几个案例，在获得当事人同意后，刊登如下。

他们的业务经验，少则 2 年，多则 15 年；有人是受尽挫折后，在课堂上找到了一线希望；有人一开始懒得学习，迫于形势前来进修，上完课却获益良多。

不论是外在形象的改变、内在修养的提升、销售技巧的精实，还是对未来和梦想的全盘改观……每多看到一个找到自己人生目标的学员，是我们最开心的事情。

或许手持这本书的你，也是我们的学员，衷心欢迎你在下一本书为我们见证！

Part 5 超越巅峰见证

📖 见证人：陈心仪

【最新档案】国际保健宅配通路
【业务经验】15 年

自我诊断 （上课前）	由于渴望压缩成功的时间，我选择踏入营销保健通路的领域。一开始朋友都愿意捧场购买，但仅消费一次就再无下文。不懂销售后续服务的我，即使拥有人脉，却因不善经营而深感挫折。为了突破自我，不爱学习的我开始报名各项课程，虚心地从零开始建构基础。
自我改造 （上课后）	上过一系列裕峰老师的课程，我领悟很多。印象最深刻的，就是成交信念的建立、利用潜意识成交，以及一定要"卖好处"给客户。此后，我不再为了卖东西而卖，我是为了服务而销售。
成交故事	有一位客户，见面前再三告诉我："你放弃吧！我不可能跟你买产品。"我笑着说好，只是和你聊一下。见面后，我先和他话家常，认真倾听他畅谈目前在筹备的生意。等他分享完，我说："听说你的身体不大好，有在保养吗？"他老实说："之前爱喝酒，肝不大好。"我就逗他："果然你是酒国英雄啊！"他笑了，接着敞开心胸告诉我身体状况与赚钱梦想。我适时地点头认同，让他感受到我和他是同一国的。于是我们交谈了四小时（本来他只给我一小时），彼此建立了信赖。之后他也答应配合参加我们的体检，迈向成交的第一步。类似这样的例子有数十件，这些人在一开始都对我保有戒心，后来都成为我的好朋友，甚至是固定消费的客户。
本书应用	善用"五感"销售 无人可拒绝成交法

见证人：邱士轩

【最新档案】门市手机销售员

【业务经验】5年

自我诊断 （上课前）	过去，我性格孤僻，不善于表达情感及想法，时常被人冷落与欺负，无论换了什么工作，始终不顺心。业务销售工作压力大，自己曾因为无法排解压力，在公司与客人大吵一架，不仅被投诉，也让主管非常头痛，对于无法有效控管自己的情绪，一直感到非常困扰。此外，每次顾客来看手机，嫌价格太贵时，我都不知如何说服顾客，以致我的业绩每次都垫底，差点被裁员。
自我改造 （上课后）	裕峰老师说："过去不等于未来！"让我决心彻底改变过去的自己，没想到这个观念一转，世界也跟着改变。我的想法开始变得开朗，也愈来愈受到同事的喜爱。顾客常称赞我态度好，主管也对我另眼相看。同时，我也学习裕峰老师，每天在家不断地告诉自己："我是全世界最有说服力的人。"这句话让我每天都感到充满能量与自信，让我敢对未来设定更远大的目标。
成交故事	某次，有个顾客上门，问我一款手机多少钱，我告诉他18000元，他马上露出"怎么这么贵"的表情说："刚到其他门市询问也是18000元，太贵了，所以我才换一家问。你们也卖这么贵那不用说了。"说完准备掉头就走。我马上告诉他，这款手机保固一年，仔细算下来，平均一天不到50元，只要花不到一个便当的钱就能拥有喜欢的手机，其实非常划算。顾客听完之后，当场决定购买，让我非常兴奋，连老板都觉得不可思议。
本书应用	少喝一杯咖啡成交法

Part 5 超越巅峰见证

见证人：张文齐

【最新档案】旅游网业务销售人员

【业务经验】3年

自我诊断 （上课前）	我一直是个缺乏信心的人，非常容易紧张，不但说话的时候口吃，即便脑袋里有很多美好的想法，却因为表达能力不佳，效果总是打折扣，以至于花了很多时间拜访顾客，仍无法顺利成交。
自我改造 （上课后）	我学习重新去认识自己，了解自己的个性、行为模式及价值观，尽最大的努力来改变我自己，培养我的自信。同时，我也开始找寻适合我的营销方式，以弥补我的不足，进而把我的优点展露出来。
成交故事	我的工作是推广环球团购旅游网。每次出差到了著名景点，我除了拍摄照片、纪念留影之外，也特别向当地人了解其历史背景，记录在我的笔记本中。回国后，通过社群网站，我和在线的朋友分享此趟旅程的景色、趣事，以及历史故事，让观看我分享的网友，想象自己总有一天也会踏上这段旅程。我为他们架设了一个美丽的未来蓝图，通过这些照片和文字，有愈来愈多的人与我互动，表示他们也非常向往到世界各地，而且已经开始规划、行动。通过电子商务的分享，我让更多顾客感受到旅游的欢乐。最重要的是，我的业绩因而大幅成长，成交人数持续增加！
本书应用	时间线成交法

成交，就是这么简单

见证人：林明萱

【最新档案】保养品专柜人员

【业务经验】2年

自我诊断 （上课前）	之前介绍完产品时，总会不自觉地对顾客说出"可是""但是"等负面字眼，感觉象是否决掉自己先前说的话，因此业绩始终没有起色。
自我改造 （上课后）	上了裕峰老师的课后，我懂得说话必须贴近顾客的生活，不再只会使用机械式的推销话术，而是充满温度的友谊对谈。在这样的改变之下，销售变成了简单有趣的一件事。特别是面对拒绝时，我不再感到挫折与压力，反而能用正面的思维与同理心，去了解对方的需求。
成交故事	我在销售当中，会先以聊天的方式问顾客一些问题，彻底了解她的需求，再从她的需求中，挑选适合她肤质与预算的产品，然后搭配试做体验。某次，我轻松地使用了如下话术："我知道你想让皮肤变得更好（事实），也想更年轻（事实），只是会考虑到价格问题（事实），所以我等一下要跟你分享如何用最省钱的方式保养（要求）。"就这样，利用"三合一沟通法"，我成功创造了让客户一次消费了六万元的记录，真的太神奇了。
本书应用	潜意识引导销售——三合一沟通法

Part 5　超越巅峰见证

见证人：潘彦志

【最新档案】团购经营者

【业务经验】2年

自我诊断（上课前）	过去的自己总是不够有自信，与顾客或是合作对象沟通时，因为主导权不在自己手上，很容易被打发，就算允诺要给对方很好的合作方案，也往往洽谈失败，成交率很低。
自我改造（上课后）	心态上，我学习到要像世界上的 Top Sales 一样，相信顾客得了绝症，只有我的产品可以解救他，绝对相信自己能给对方最好的方案，相信我可以在任何时间、任何地点、把任何东西销售给任何人。技巧上，我学会使用"时间线成交法"，让对方正视未来的问题，现在没问题，不代表以后不会发生问题，所以现在就要预防。
成交故事	过去有个顾客，不管如何跟他说明团购生意多有商机，且是当前趋势，他都跟我说"没兴趣"，而且他觉得我在强迫推销，对我很反感，最后连朋友也做不成，让我很沮丧。后来运用"时间线成交法"，跟他分享以下的心得。我告诉他，你过去因为没有一个好机会，以致痛苦了这么多年，甚至影响自己的人生和家庭，如果你现在拥有，不但可以环游世界，还可以拥有财富自由，让家人更开心……而对方听了我的话以后，感同身受，不再觉得我强迫推销，最后终于成交。
本书应用	时间线成交法

成交，就是这么简单

见证人：李孟霖

【最新档案】保健食品销售人员

【业务经验】3年

自我诊断（上课前）	一直以来在沟通的时候，常因为信心不足，让顾客听出不肯定的语气，产生"我并非专业人员"的感觉。此外，也曾经因为疏忽顾客的感受，引发顾客反感而被拒绝，长期感到沮丧。
自我改造（上课后）	裕峰老师分享的"愈被拒绝愈成功"，拒绝＝成功的理念，让我非常感动，产生了坚持下去的动力。此后，我更能接受顾客的反对意见，因为我知道，每次的拒绝，都让我离成功愈来愈近。同时我抱持着帮助别人的心态，持续分享健康观念给他人，我相信自己，一定能协助顾客脱离不健康的痛苦之中。
成交故事	与客户对谈时,我会先询问他的健康与最近就医状况，并顺带关心他的家人。记得有一次，客户对我说："你的产品好是好，但价格太高，现阶段的我恐怕消费不起。"我运用3F成交法，表示可以理解，因为我以前也是有经济困窘的时候。接下来我与他分享自己过去的故事：为了省钱，结果后来花更多的钱看医生，使用保健食品后，因为体质整个改善，反倒省了钱。之后，又使用"少喝一杯咖啡成交法"，向顾客分析其实只要每天省下一点钱，就能消费得起。使用在"超越巅峰"课堂上学到的技巧，让我在行销产品时，常常可以多卖出几样产品。这一年下来成交率提升，业绩更是大幅成长。
本书应用	少喝一杯咖啡成交法 3F成交法

Part 5 超越巅峰见证

见证人：陈筑郁

【最新档案】组织营销业务

【业务经验】2 年

自我诊断 （上课前）	过去的我是一个主观且强势的人，每次跟顾客沟通时，常常站在自己的角度去思考，且有莫名的坚持；遇到反驳我的顾客，我更是耐不住性子，甚至要对他对呛，多次与顾客不欢而散。
自我改造 （上课后）	我在裕峰老师的课堂上学习到："只要我起床，就有人必须为我付出代价！"这个心态让我比以前更加坚强，不再惧怕被人拒绝和自我突破，持续保持乐观和积极的状态勇往直前。在技巧和话术层面，更懂得用柔软的心去倾听和体贴顾客的需求，让顾客感受到我是真心为其着想，给顾客创造宾至如归的感受。
成交故事	与第一次见面的顾客接触时，我会运用"长方形成交法"，先了解顾客的类型，再使用"镜像法则"，细心观察顾客的习惯和举动，而后不着痕迹地做出与顾客类似的动作。此外，也努力倾听顾客的需求，站在顾客的角度，思考如何才能给他最大的利益、最好的帮助。再次遇到之前不欢而散的客户时，因为我自己的改变，不但获得了他的认同，甚至帮我转介绍了更大的客户。当下真的让我惊觉到，原来沟通方式比沟通内容更重要。拥有这样的能力后，不但让我的业绩大幅成长，也让我现在带领的团队伙伴成长500人以上，真是感谢裕峰老师。
本书应用	潜意识引导销售 长方形成交法

见证人：苏士铭

【最新档案】房地产业务

【业务经验】5 年

自我诊断 （上课前）	初出茅庐时，我努力吸收专业信息，虽然在房地产介绍上，我可以做到内容叙述性的专业，但成交技巧不足，总是为了成交而成交。有时因为心急，只顾讲自己的话，忽略了客户真正的想法。到了成交前的关键时刻，往往功亏一篑，努力了半天，却让一切归零。
自我改造 （上课后）	裕峰老师在课堂上说道："成交，一切都是为了爱。"这句话深深感动我，我开始换位思考，永远以客户想法为前提，每当与顾客碰面前，我都会先思考自己要带给对方什么利益，其次才考虑是否能成交。
成交故事	某次与客户对谈中，对方突然陷入一阵犹豫，静默下来。一向性急的我一直想打破宁静说些什么。但想到裕峰老师曾经传授的"沉默成交法"，我暗自提醒自己，绝对不能先出声，先说话的人就输了！我调整呼吸，带着微笑，佯装轻松地看看外面风景，偶尔将目光转到客户脸上。结果三分钟后，客户深吸一口气，回答："好！我决定买了！"让我十分庆幸有耐住性子，等待客户自己作出决定。以"成交，一切都是为了爱。"为原则，让我的房地产事业，有了数倍的成长。
本书应用	沉默成交法

Part 5 超越巅峰见证

见证人：陈柏文

【最新档案】食品业务

【业务经验】2年

自我诊断 （上课前）	过去我在穿着打扮上很随性，以为舒服就好，殊不知给人的第一印象就不好。此外，因为自信心不足，与客户接触时不敢先开口，更无法完整表达自己产品的优越处，只会说"很特别"和"不错"而已；同时，我也很容易受到顾客的影响，当顾客不断称赞竞争对手的产品比较好时，我完全不知道该如何说服对方，最后顾客还是选择到别家购买。产品怎么都推销不出去，因此感到很灰心。
自我改造 （上课后）	首先，我从"镜像法则"知道，原来当顾客喜欢我的时候，我要卖他什么产品都很好卖，所以我开始改变穿着。穿着改变后，因为受到称赞，我开始对自己有自信了起来，再加上时常告诉自己："我是销售高手，拥有无与伦比的魅力！"因此我在对顾客介绍产品时，不再畏畏缩缩，而顾客也因为看到我的自信，愿意相信我们的产品是最棒的。
成交故事	在顾客面前，我总会询问他要"便宜的"或是"比较贵的"，这样的问法就是，无论他选哪个都是要买。此外，因为我始终维持"被拒绝是常态"的心情，就算被拒绝也不会太失望。如今，我几乎每向10个人销售，至少会成功2人。也因为我总是自然而然地与顾客分享，因此不管销售任何东西，顾客即使不买，也会开心地结交我这个朋友，并帮忙宣传，能有此成果，真是太感谢裕峰老师了！
本书应用	量身打造你的销售盔甲 问对神奇问句——二择一问法

成交，就是这么简单

见证人：赖信如

【最新档案】门号销售人员

【业务经验】4年

自我诊断 （上课前）	刚出道时，在业界的资历尚浅，每当在销售产品给长辈时，往往都因为自信心不够，而被年长的顾客挖苦："年轻人，我吃的米都比你多，不要当我不识货。"在不断被泼冷水后，我反复自我检讨，才恍然大悟：原来都是我自己在自我设限，其实我并不差。
自我改造 （上课后）	上了课之后，我重新建立起正确的心态。由于了解到每个人都有暂时性的负面情绪，所以我会适时以激励人心的音乐、肢体的摆动调整情绪，同时不断告诉自己："我是最棒的、我是最优秀的！"，因此不管当下情绪如何低落，我都可以在短时间内走出来，变得很有能量、很有自信地去处理任何一件事情，不再被负面的情绪所影响！
成交故事	曾经在一次谈合作案的过程中，发现对方意愿不高，但我仍相信，他一定会和我合作。于是直接引导对方进入"已经合作"的状态。当我直接问对方："你的薪资是要汇到邮局，还是合作金库呢？"对方马上说："合作金库。"接着我只补一句话："那我教你怎么填资料并且怎么运作"。就这样，原本看似无望的合作案竟如此轻松就成交了。我把这样简单的方法复制给我的合作伙伴后，我们的团队很轻松地在一个月内，创下400万的门号业绩！
本书应用	克服恐惧，不畏拒绝 问对神奇问句——二择一问法

Part 5　超越巅峰见证

📖 见证人：何懿

【最新档案】医疗保健产品业务

【业务经验】3年

自我诊断 （上课前）	我的个性开朗，容易与客户打成一片，但往往因为态度过于轻松，容易丢三落四，一点都不细心，因而失去客户信任。即使客户认同我所讲出的理念，却常在成交的关键时刻退缩，让我无法完成签单。
自我改造 （上课后）	裕峰老师最让我印象深刻的课程，是提到要引发顾客的"危机意识"。让顾客觉得不买就会"落伍""错失机会"。此外，老师常提到："魔鬼藏在细节里。"因此我开始建立（上课后）一个习惯，除了随时告诉自己"你可以的！"，更细心去注意每个细节。关键时刻，我一改嘻皮笑脸的态度，以专业态度回应顾客。
成交故事	某次，我热血沸腾地向客户介绍半天，不料，最后竟被客户拒绝。这时我想起裕峰老师教授的"回马枪成交法"，于是诚恳向他请教我是否有不足的地方。结果对方老实告诉我，他觉得自己还年轻，不需要保健食品。豁然开朗的我，终于理解他的需求，于是向他说明"预防医学"与"及早保健"的重要性，因而引起他对这个领域的兴趣，最后成为我的客户之一。
本书应用	回马枪成交法

Unit 02 十大核心员工特辑

"超越巅峰"教育训练团队能有如今的规模与展望,要感谢的人非常多。

其中,有10个人一路随我打拼至今,对我而言意义深重。他们都是潜力无穷的年轻人,却甘愿和我一起分享烦恼、梦想未来。我们一起吃苦、一起欢笑,真像一家人一样。

正值青春年华,一般年轻人急于享乐,超越巅峰的核心干部却选择辛苦、勇于奋斗,因此,我称呼他们"十大核心员工"。

十大核心员工当中,有活泼外向的领队,害羞扭捏的安亲班老师;有硕士、公务员,也有牙医助理、便利超商店长;有明星大学毕业的知识精英,也有仅高中学历却乐观踏实的开朗男孩。

他们来自社会各个阶层,各个专业,各自拥有无法被取代的特质,却怀抱同样的梦想:"想要财富自由、想要帮助更多人!"

就是这样的梦想,聚集、催生了"超越巅峰"这个学习力超强的组织团队。在此,怀抱感恩之心,我要将他们介绍给大家。

策略战神：邱品文

姓名	邱品文	职称	超越巅峰策略长
个人梦想	◎ 月入百万 ◎ 台中七期豪宅置产 ◎ 拥有高档进口车 ◎ 成立超越巅峰台中分公司		
经历	◎ 便利商店店员 1.5 年 ◎ 电信类组织营销 3.5 年		

在家中排行老三的品文，从小就喜欢作白日梦，一直梦想长大会成为企业家。高中二年级那年，因不爱读书，又爱挑战校规，所以被迫退学，只好转往夜间高中部，开始半工半读的人生。21 岁那年，品文在便利商店上大夜班，一有空闲便阅读商业周刊等财经杂志，尤其喜欢看成功人物的专访。他发现有些人和他一样年纪才二十出头，却能成为年收入破百万的电子新贵、保险业务员、汽车销售员、房地产中介，甚至是年收入破千万的传直销人员。这股震撼，促使他萌生挑战高收入的想法！

一年后因高中同学的介绍，品文接触了电信类的组织营销，这是他圆梦的开始。不久，超越巅峰团队，又给他开启了一扇智慧之窗，学习到更高层的销售学、沟通学、营销策略、领导管理学等，让自己大为成长，以好的心态、对的方法、正确的待人处事原则去带领团队。

25 岁退伍后，品文进入一家国际团购公司，把在超越巅峰所学习到的，完全反馈给团队，并且开始与更多成功人士学习。

他深深决定，要在最短时间内，让家人的生活更无忧无虑，也要帮助更多人圆梦成功，并成立基金会去反馈社会、帮助弱势。最重要的是，他极力想要证明自己，证明一个高中被退学、大学没读的人，也可以因为遇到对的公司、对的系统、对的导师，因而改变人生，完成人生目标。

人生只有一次，要活得精彩或是黑白，都是自己选择而来。品文要选择的是，波澜万丈的缤纷人生！

花漾秘书：郭仪汝

姓名	郭仪汝	职称	超越巅峰秘书长
个人梦想	帮助更多人成功创业，创造自己的价值，成为别人生命中的贵人		
经历	◎ 花莲特色民宿管理人 ◎ 创下全公司单月成交量第3名记录		

从小在花莲长大的仪汝，和家人一起经营10间特色民宿，让每位来访的旅客，享受和在家一样自在、温馨的后山风情。每当客人离开后，才是她忙碌的开始，为了给下一组客人干净舒适的住宿环境，她和妹妹总是互相比赛，看谁用最短时间完成换床单、铺床、擦地板、扫厕所、整理环境等工作。每天送往迎来，看到客人开心满足的笑容，是她最大的前进动力，也让她成为花莲最美丽的"台佣"。

稳定的生活和丰厚的收入，并没有让她因此而自满。不甘只是被动地守候来访的客人，当个"后山之花"，她更想要主动出击，到外面的世界帮助更多人。因此，她毅然决然地离开家乡，追寻内心渴望的梦想！

在哥哥的推荐之下，仪汝选择了组织营销的业务工作。一开始，她投入网络与实体拍卖的业务，创造了全台30万的会员中成交订单量全台第3名的成绩。为了扩展自己的业务圈，她又加入超越巅峰，跟着团队南征北讨。

在团队当中，仪汝主动接下最辛苦的工作，也扮演像大姐姐一样的角色，默默在背后关心大家，让超越巅峰真正像一个和乐融融的大家庭。如今，通过不断尝试、创新及开发，超越巅峰也和数十个平台以及团队展开合作，仪汝开心地表示："朝着自己的梦想前进，真是美好！"

注：改写自业务帮总监陈丽任（Linda）专访文

营销鬼才：吴家宇

姓名	吴家宇（Nick）	职称	超越巅峰营销长
个人梦想	◎ 让父母在5年内彻底退休 ◎ 10年内成为亿万富翁 ◎ 成立流浪动物中心，让流浪动物提升质量养老 ◎ 成为世界营销大师，分散幸福种子到世界各地		
经历	◎ 知名外商物流公司送货员 ◎ 百大营建公司工地领班 ◎ 知名科技业GPS龙头——采购主管 ◎ 知名家电业工厂——产线安管		

从小就在父母细心呵护下成长的家宇，谨记双亲的叮咛：好好读书，长大找个好工作，安稳做到退休。他乖乖依照爸妈写下的完美剧本，一步步执行，但出社会后才知道是一场骗局，工作难找就算了，还遇到裁员减薪。家宇以明星大学的光环，

抱持着进入百大企业工作的梦想,但丢了近百封履历表之后,换来的只是手指头能数出来的几家公司无情的回复。

生活还是要过下去啊!最后家宇退一步选择别人不愿意尝试的工作,当起送货员,不管风吹日晒、狂风暴雨,都坚持完成当天公司赋予的任务。他每天辛苦地工作,勉励自己一定要坚持下去,吃苦当吃补,等待熬出头的机会。

就这样持续重复了几年,却开始厌倦这种过一天算一天、仿若行尸走肉的日子。每个月的收支相抵后,连一千元都存不到。他一直问自己:22K的生活我还要过多久?这样的生活是我想要的吗?我受够了这样的生活!

他不知道还有什么工作可以做,不知道下一步该怎么走?然而,他知道,自己想要改变。

于是家宇白天一样努力工作,但晚上想方设法学习、充实自己,投入满腔热血地拼命研究,决心要找出一条生路!2011年8月30日,这是他永远忘不了的一天,因为这天他通过FB与我相识,他说:"这是改变他一生的关键时刻!"经过一个下午的深聊,家宇决定加入超越巅峰,以全新的方式展开奋斗。接着,他也慢慢认识整个团队,成为团队的得力帮手。

家宇和团队的年轻成员,将聚会玩乐摆一边,而将学习成长摆第一,天天过着开会、拓展人脉、奋斗、追求梦想的日子。他在心中拼命呐喊:"我一定要证明自己做得到,我要证明我不是烂草莓!"从在路边发传单开始,到邀约朋友、举办演讲,过程中遇到被拒绝、冷落的状况不计其数,加上亲友的质疑,真是异常艰辛。但凭借着对梦想的坚持,他终于撑过了最辛苦的第一个半年。

通过团队课程如"扭转人生魔法师""超级说服力""公众演说"等课程,家宇的思维大幅改变。原本没有梦想、缺乏目标的他,现在强烈渴望尽快让老爸退休,每年招待父母出国圆梦。家宇表示:"感谢自己一直以来的坚持,感谢一路上支持我的人,感谢吐嘈不看好我的人,感谢父母当初给我的考验,考验我的抗压性。谢谢你们让我有机会证明我的选择是对的,更要感谢老天爷一切的安排。我缔造了奇迹,相信你也可以!"

活动嗨咖:郭宗仪

姓名	郭宗仪	职称	超越巅峰活动长
个人梦想	◎ 让家人过得更好个人梦想 ◎ 建立量身打造的个人旅游行程平台 ◎ 资助流浪动物之家		
经历	◎ 知名医院美食街招商业务 ◎ 统一生活企业股份有限公司店副理经历 ◎ 全家便利商店店副理 ◎ 金远东旅行社团体部业务领队 ◎ 航空公司所属旅行社业务领队		

宗仪曾任职于知名便利商店,担任副店长,太太为安亲老师。这对夫妻月入7~8万,因为和同龄年轻人相比收入算高,他们以为会一直在这个行业发展下去,直到遇到"少子化"的瓶颈。由于孩子少,从事服务业的年轻人也愈来愈少,请不到工读生的宗仪只好每天上班12小时。

没有休假的日子过了一年,夫妻俩如牛郎织女,日夜相隔见不着面,宗仪更受不了这种过度劳累的日子,于是去报考领队导游。虽然只准备了一个星期,并利用上大夜班时偷看书,但宗仪却奇迹似地考上了。于是他正式转战到旅游业。

旅游业多半是领队兼业务,每个月都要自己去找客人,压力颇大,而且淡旺季很明显。好不容易做到有点起色,公司却又把他调到新的区域去开发,把宗仪好不容易才经营好的区域转给新人去做。于是宗仪持续在做重复的事,每天庸庸碌碌,不知何年何月才能达到"自由自在工作、休假"的梦想。

为了让自己业绩更好,同时也在找寻各种翻身机会,宗仪经常留意新的信息。某次,他在网络上看到超越巅峰的讲座信息,我们深谈之后,宗仪发现掌握不同的工具,所造成的结果大不相同,于是他加入了超越巅峰。

宗仪认为超越巅峰有别于其他组织营销团队,是个很不一样的学习型团队,因为拥有相当多额外的学习资源,团员甚至可以直接向大师学习。

宗仪认为每个人都有梦想,但往往随着年龄的增长,梦想会愈来愈小,但他不甘于向现实低头,决心要持续朝着梦想前进。

公关女神:郭怡君

姓名	郭怡君	职称	超越巅峰公关长
个人梦想	◎在北部为自己和父母置产,将爸妈接来一起居住个人梦想 ◎5年内帮助100人实现梦想 ◎资助弱势家庭与儿童基金会			
经历	◎知名连锁美语教育机构部门主管、寒暑假营队活动总召&统筹 ◎2014年业务正妹比赛——亚洲区第2名、台湾区第1名			

Part 5 超越巅峰见证

出生于嘉义传统家庭的怡君,爸爸是尽责的公务人员,妈妈是家庭主妇。身为长女,一路从国中、高中到大学,爸妈对她的期许只是希望她找到一份稳定工作,嫁个能给她温饱的老公。

疼爱怡君的爸妈,总是像阿拉丁神灯一样,满足怡君任何愿望:学长笛、学计算机,甚至高中时期的班歌表演需要一组爵士鼓,他们也能变出一组来。上大学后,辅修日文需要学费,爸妈依旧全力支持,毫无怨言。

一直心存感恩的怡君,深深期望给爸妈一个很有质感的退休生活,她一直记得父亲的心愿:希望住离女儿近一点。然而始终在北部奋斗的怡君,一想到北部的高房价,总是垂头丧气地想:"放弃工作回嘉义住,应该比较容易实现爸爸梦想吧!"但工作呢?每天想到这里,只能摇头叹息:"唉~算了!"就这样一天过一天,直到怡君30岁。

婚后,因为先生的关系,怡君认识了超越巅峰团队,经历了许多课程的洗礼后,怡君的心被深深触动。课堂上的一番话,让她刻印在脑海里:"自信之杯之所以无法填满,是因为曾给自己的承诺一直未实现,造成了破洞,才会对自己毫无自信,如果永远躲在舒适圈里,却又苦思自己为何没有成长,不是很可笑吗?"

终于,怡君决心去面对一直不敢去面对的现实,同时认真考虑是否加入超越巅峰。

每当灰心的时候,超越巅峰每一个伙伴,总是热情地鼓励怡君,这种互相加油打气的默契,让怡君觉得好像在台北拥有另外一个家庭一般。在安亲工作八年的怡君，终于决定给自己一次改变和贡献的机会，她加入超越巅峰，加入"一起帮助更多华人提升竞争力"的伟大梦想。

怡君过去一直很排斥销售工作，然而，在超越巅峰这个人人讲求自我突破的团队里，怡君重新认识销售的定义与重要，努力挑战自我。结果一年之内，竟认识了比过去十年还多的朋友。而面对了百次的拒绝之后，她也练就了一颗强壮的心脏。如今，她的视野和格局，都较以往大为不同了！

信息鬼才：吴嘉硕

姓名	吴嘉硕	职称	超越巅峰信息长
个人梦想	◎ 带家人一起环游世界，每年至少出国两次 ◎ 5年内在中坜买一栋台币2000万以上的房子 ◎ 帮助别人找到人生价值 ◎ 成立基金会协助弱势者并提供就业机会		
经历	◎ 7-11便利商店店员 ◎ 曾在物流公司、知名饼干工厂打工 ◎ 光电厂技术员9年 ◎ 面食制作职业工会担任会务人员		

家住中坜，排行老幺的嘉硕，来自一个平凡的家庭。父亲是退休公务员，母亲是职业工会秘书兼家庭主妇，姐姐在华航担任地勤。嘉硕早先则在一家光电厂担任技术员，从事偏光板制造。工厂是8小时三班轮制度，每两个礼拜就要轮一次大夜班。由于工作会接触到化学药剂，加上长期熬夜，嘉硕的健康深受影响。为了维持基本开销，嘉硕只能咬着牙继续做，但心中一直没有忘记想持续学习的梦想。

因为轮班的关系,想要进修,时间也无法配合。就算报名了一期课程,顶多只能上一两堂课,无法持续学习。为了有所突破,嘉硕痛下决心转换跑道,辞去工厂工作,进入职业工会。

就在这个时间点,通过一位朋友的介绍,上了我一堂"扭转人生魔法师"的课。课后,嘉硕受到相当大的激励,惊骇于原来通过文字、图像、影片和音乐,就可以贯穿人的潜意识,让一个人充满能量。于是他陆续参加NLP、NAC神经链调整术、公众演说、如何超越人生的巅峰、超级营销学、如何成为沟通大师等整套学习课程。每上完一堂课,嘉硕就变得更有自信,最后决心更进一步打开格局,因而加入成为超越巅峰的一员。

本来没有明确目标和梦想的嘉硕,开始认真思考梦想。即使过去表达能力不佳,朋友不多,但通过持续不断的学习,他的沟通表达能力大大提升,也认识很多好朋友,甚至被指定为超越巅峰教育团队的培训讲师。

面对未来,嘉硕充满了无限的希望与勇气,他将超越巅峰整个组织的目标,作为个人目标,以冲锋第一线的态度,持续每日的奋战。

拓荒强者:廖吉中

姓名	廖吉中	职称	超越巅峰市场开发长
个人梦想	◎ 5年内达成年收千万 ◎ 10年内完成环游世界五大洲		
经历	◎ 7-11便利商店店员 ◎ 知名服务业送货员 ◎ 知名建设公司工地领班		

个性害羞内向，连和朋友讲话也容易口吃的吉中，从小在父亲的保护下顺利成长。一直以来，总想着考个大学读读，毕业之后找个上班族的工作，平凡度过一生就好。高职三年级那年，在朋友邀约下听了一场我的演讲，他说这是他首次接触到一堂没有瞌睡、毫无冷场的课。吉中从没想过有人可以为自己的梦想这么坚持、努力去完成，不怕任何的挑战和挫折。这堂课激发了一直存在吉中心里的小小梦想，当下他为自己设下许多未来的目标。

打从那天的演讲结束，18岁的吉中就决定要成为超越巅峰的一员。在家人强力反对，身边朋友也毫不客气地吐槽之下，吉中却坚持不退让，因为这是他第一次有自己想做的事情。

在没有好的学历、没有人脉，也欠缺能力的情况下，他知道追寻梦想这条路，还很艰辛。为了应付自己的开销，他四处打工，做过便利商店的店员、服务业的送货员，也曾在工地里推水泥和石砖，就像一个杂工一般。但他默默吞下所有的辛苦与委屈，只要想到未来的目标和梦想，他就眼神发亮、精神抖擞。

最让吉中热血又兴奋的，就是投入超越巅峰团队办演讲。年纪最小的吉中，总是主动接下最繁琐的工作，从打电话、发传单、搬运物品，到引导问候、灯音控等方面，他都勇于挑战学习。多年下来，不仅提升了各方面的实力，在沟通和讲话方面都比以前更来得顺畅，口吃的状况也来愈少了。

这段时期，每个人都不相信吉中的梦想可以实现，然而团员间彼此不厌其烦地鼓励与鞭策，让他离梦想愈来愈接近。接下超越巅峰的市场开发长，吉中表示自己一定会全力以赴，和

Part 5 超越巅峰见证

大家一起完成目标!

创意总监：Derek

姓名	Derek	职称	超越巅峰网络营销创意总监
个人梦想	◎ 帮助更多人达到财富自由，享受人生 ◎ 让家人过更好的生活，丰富自己的精彩人生		
经历	◎ 通讯业店长 ◎ 银行职员		

高中大学都重考的 Derek，坦承自己从小到大都要父母操心。因为哥哥念到台大博士班，父母亲也希望他拥有高学历，因此支持他大学毕业后继续往上念。

完成硕士学业后，Derek 想进银行业，便努力准备各项证照考试，却无奈地全部惨遭滑铁卢。听从父亲的建议，回到桃园开手机店，营业两年，发现这并不是他的兴趣。只好继续准备考试，最后终于考进人人称羡的知名银行!

开始在银行稳定又规律的上班后，Derek 又觉得这似乎不是自己想要的。经过深深思考，他体会到，如果一直在安稳的舒适圈，人生不可能成功，也无法达成自己"做想做的事、帮助更多人、不再为钱烦恼"的目标。

于是在下班空闲之余，他便跑到书局看书，假日也四处参加课程，只要有机会，不管是免费或付费，都主动积极地去学习。他不断问自己："为什么有钱人都可以这么有钱？他们又是掌握了什么工具或方法可以变得有钱？"

一次因缘际会下，Derek 来上了我的一堂课：潜意识训练课程。对于看来不善言谈的我，却拥有令他难以理解的爆发力跟感染力，他大为震惊！在满怀好奇之下，Derek 持续追踪超越巅峰其他课程。终于在"如何一网打尽—成交的秘密"这堂课后，我们有机会尽情畅谈，他决定加入超越巅峰！

通过在团队内不断地磨练，Derek 在"网络营销"领域找到自己的天赋！更在超越巅峰团队担任"网络营销创意总监"，他深信唯有不断地学习与努力才是成功的不二法门。怀抱超级感谢的心，Derek 坚定地说："一定要帮助更多人成功，并且帮助他们实现梦想！"

潜力新秀：许亨毅

姓名	许亨毅	职称	超越巅峰培训讲师
个人梦想	◎ 成为世界级讲师，协助身边的伙伴获得健康及成功的人生 ◎ 成立基金会帮助更多人		
经历	◎ 疾病管制署公务员 3 年		

亨毅从学生时期就跟大部分人一样，为了不辜负父母的期待，相当认真念书，拿到一次又一次的高分，也通过一次又一次的考试。虽然这样的"成就"让双亲感到欣慰，却在他内心累积愈来愈深的疑问："这真的是我想要的吗？"

毕业后，第一份工作入职于疾病管制署。公家单位的工作似乎人人称羡，每年总是有数十万的人挤破头想拿到这所谓的"铁饭碗"，仿佛只要成为了公务人员，往后的人生就再也不需要烦恼。但事实真的是这样吗？身在其中的亨毅完全不这么认为。

大量且枯燥乏味的行政业务，让朝九晚六的作息可遇不可求，日复一日、年复一年，亨毅觉得热情和斗志都被消磨殆尽。不止工作上找不到任何的激情及成就感，最可怕的是周遭同事们即使抱怨连连，却没有一个人想过要改变现况。他认真地思考，才两年的时间就快让他忍受不了，难道未来二三十年还要这样过？

于是他开始大量学习，阅读各式各样的书，上网搜索五花八门的信息，到各地听不同类型的讲座，为的就是寻找一个机会，一个可以让他改变、翻身的机会。经过一段时间的摸索之后，亨毅明白了一个道理：任何时刻、任何地方其实都充满着相当多的机会，但更重要的却是如何去找到一位好老师，一位愿意带领、引导你的人生导师，这才是成功与否的关键！

在某个演讲场合中，亨毅与我结识，我与他分享团队的重要性，以及有着一群志同道合的伙伴是多么美好的事情，于是他满怀热情地加入我的团队。亨毅表示，他非常喜欢团队的气氛与领导人，大家永远说着积极正面的话语，总是让身旁的人都充满着正面能量，这是他梦寐以求的奋斗天堂。

终于，亨毅找到了人生的目标，明白自己真正想要什么！如今自己也不断提升自我能力，朝向讲师的道路前进！

陌开精灵：郭品岑

姓名	郭品岑	职称	超越巅峰陌生领域开发精灵
个人梦想	◎ 带全家人环游世界，10年内遍访150个国家 ◎ 投入公益活动，奉献社会 ◎ 帮助喜欢学习的朋友创造自己的价值		

经历	◎ 牙科诊所助理 5 年 ◎ 牙科护理长 1 年

来自花莲的品岑，排行老二，家中有四位兄弟姐妹。由于家中思想保守，极为重视学历，从小品岑就被不断灌输："要努力读书，只要学历高，工作收入也相对优！"乖巧懂事的品岑依照父母的期望，选择就读崇右技术学院。

在老一辈的观念中，排行中间的小孩最独立，品岑就是这样一位独立、有想法的女孩。到外地读书后，崇尚自由，喜欢无拘无束的品岑，决定不再向家人伸手拿钱，除了努力读书申请奖学金，也找了牙医助理工作，自己半工半读。

毕业后，品岑直接进入牙科领域，当上护理长，带领数十位助理，每天奉献 13 个小时给诊所。然而长期的过度劳累让品岑的身体亮起了红灯，免疫系统也频频失调。到了这一刻，品岑决定重新定义自己的人生蓝图。

在姐姐的介绍下，品岑接触到预防医学的业务产业。一开始她没什么兴致，因为对组织营销一向没什么好感。但使用产品一段时间后，品岑确实慢慢健康起来，同时也发现很多人因为使用了该产品，在健康上获得改善，让她卸下了心防。之后，看到姐姐有不错的销售成绩，同时也拥有时间的自由和主动性收入，于是决定试试看。

决定投入业务后，品岑充满热忱与抱负，以超强的活力展开行动。但毕竟没有业务经验，过程中遇到了许多挑战和挫折。正当跌跌撞撞想放弃时，碰巧来到我的课堂进修，品岑为了提升自我能力，拼命地学习。由于进步神速，甚至接受了业务帮总监专访,并获得业务正妹竞赛全台第二名!

在超越巅峰团队担任"陌生开发精灵"的品岑,负责向陌生名单销售课程。这项艰难的业务,她却能从容愉快地展开,"因为,"她说,"现在的努力,都是为了开创未来的美好人生啊!"

原书书名：《成交，就是这么简单》
原作者名：林裕峰
ⓒ林裕峰，2014

本书中文简体版经林裕峰授权，由中国纺织出版社独家出版发行。本书内容未经出版者书面许可，不得以任何方式或手段复制、转载或刊登。

著作权合同登记号：图字：01-2017-4542

图书在版编目（CIP）数据

成交，就是这么简单／林裕峰著. —北京：中国纺织出版社，2017.9（2024.7重印）
ISBN 978-7-5180-3775-9

Ⅰ.①成… Ⅱ.①林… Ⅲ.①销售-方法 Ⅳ.①F713.3

中国版本图书馆CIP数据核字（2017）第161823号

策划编辑：郝珊珊　　责任印制：储志伟

中国纺织出版社出版发行
地址：北京市朝阳区百子湾东里A407号楼　邮政编码：100124
销售电话：010—67004422　传真：010—87155801
http://www.c-textilep.com
E-mail：faxing@c-textilep.com
中国纺织出版社天猫旗舰店
官方微博http://weibo.com/2119887771
北京一鑫印务有限责任公司印刷　各地新华书店经销
2017年9月第1版　2024年7月第6次印刷
开本：710×1000　1/16　印张：15.5
字数：142千字　定价：39.80元

凡购本书，如有缺页、倒页、脱页，由本社图书营销中心调换